Ciência e política
duas vocações

Ciência e política

duas vocações

Max Weber

Prefácio
Manoel T. Berlinck
Professor-Adjunto de Sociologia da Escola de Administração de Empresas de S. Paulo, da Fundação Getúlio Vargas

Tradução
Leonidas Hegenberg e Octany Silveira da Mota

Os dois textos incluídos neste volume intitulam-se, no original alemão, *Wussenschaft Als Beruf* e *Politik Als Beruf*.
Copyright© 1967 e 1968 Dunker & Hunblot, Berlim.
18ª edição 2011.
5ª reimpressão 2020.

Todos os direitos reservados. Nenhuma parte deste livro pode ser reproduzida ou usada de qualquer forma ou por qualquer meio, eletrônico ou mecânico, inclusive fotocópias, gravações ou sistema de armazenamento em banco de dados, sem permissão por escrito, exceto nos casos de trechos curtos citados em resenhas críticas ou artigos de revistas.

Projeto gráfico, diagramação e revisão: Verba Editorial

Dados Internacionais de Catalogação na Publicação (CIP)
(Câmara Brasileira do Livro, SP, Brasil)

Weber, Max, 1864-1920.
 Ciência e política : duas vocações / Max Weber; prefácio Manoel T. Berlinck; tradução Leonidas Hegenberg e Octany Silveira da Mota. 18. ed. — São Paulo : Cultrix, 2011.

 Títulos originais: Wussenschaft Als Beruf; Politik Als Beruf.
 ISBN 978-85-316-0047-0

 1. Ciência 2. Ciência política 3. Políticos I. Berlinck, Manoel T. II. Título.

11-06672   CDD - 320.01

Índice para catálogo sistemático:
1. Ciência política : Filosofia 320.01

Direitos de tradução para a língua portuguesa
adquiridos com exclusividade pela
EDITORA PENSAMENTO-CULTRIX LTDA.
Rua Dr. Mário Vicente, 368 - 04270-000 - São Paulo, SP
Fone: (11) 2066-9000
E-mail: atendimento@editoracultrix.com.br
http://www.editoracultrix.com.br
que se reserva a propriedade literária da tradução.
Foi feito o depósito legal.

Índice

Notícia sobre Max Weber 7

A ciência como vocação *17*
A política como vocação *65*

Notícia sobre Max Weber

MAX WEBER NASCEU EM ERFURT, Turíngia, Alemanha, em 21 de abril de 1864. Seu pai, Max Weber S.^{or}, era advogado e político; sua mãe, Helene Fallenstein Weber, era mulher culta e liberal que manifestava profundos traços pietistas de fé protestante.

O ambiente erudito e intelectual do lar contribuiu decisivamente para a precocidade do jovem Weber. Basta dizer que aos 13 anos de idade já escrevia ele ensaios históricos penetrantes.

Weber terminou os estudos pré-universitários na primavera de 1882 e foi para Heidelberg, onde se matriculou no curso de Direito. Estudou também diversas outras matérias, como História, Economia e Filosofia, que, em Heidelberg, eram ensinadas por eminentes professores.

Depois de três semestres lá, Weber mudou-se para Estrasburgo a fim de servir o exército por um ano. Quando deu baixa, retomou seus estudos universitários em Berlim e Goettingen onde, em 1886, submeteu-se ao primeiro exame de Direito. Escreveu em 1889 sua tese de doutoramento sobre a história das companhias comerciais da Idade Média; para isso, teve de consultar centenas de documentos espanhóis e italianos, o que lhe exigiu o aprendizado desses idiomas. No ano seguinte, estabeleceu-se como advogado em Berlim; escreveu, por essa época, um tratado intitulado História das

Instituições Agrárias; *o modesto título encobre, na verdade, uma análise sociológica e econômica do Império Romano. Em 1893, Weber casou-se com Marianne Schnitger, sua parente longínqua. Depois de casado, passou a levar uma vida de acadêmico bem-sucedido em Berlim. No outono de 1894 aceitou a cadeira de Economia da Universidade de Friburgo e, dois anos mais tarde, passava a substituir o eminente Knies em Heidelberg.*

Em 1898, Weber apresentou sintomas de esgotamento nervoso e de neurose; até o fim de sua vida, iria sofrer depressões agudas intermitentes, entremeadas de períodos de trabalho intelectual extraordinariamente intenso. A doença o manteve afastado das atividades acadêmicas durante mais de três anos; restabelecido, voltou para Heidelberg e reassumiu parcialmente as atividades docentes. Seu estado de saúde não lhe permitia, entretanto, que se dedicasse inteiramente ao magistério. Em decorrência disso, solicitou afastamento das atividades didáticas e promoção para o cargo de professor titular, o que lhe foi concedido pela Universidade.

Apesar das crises nervosas, Weber, juntamente com Sombart, assumiu em 1903 a direção do Archiv für Sozialwissenschaft und Sozialpolitik, *que se transformou em uma das mais importantes revistas de ciências sociais da Alemanha, até seu fechamento pelos nazistas.*

No ano seguinte, a produtividade intelectual de Weber recebeu novo impulso; ele publicou então diversos ensaios além da primeira parte de A Ética Protestante e o Espírito do Capitalismo.

Em meados de 1904, Weber viajou para os Estados Unidos, que causaram profunda impressão sobre seu espíri-

to analítico. O foco central do seu interesse na América foi o papel da burocracia na democracia. De volta à Alemanha, retomou suas atividades de escritor em Heidelberg, concluindo então A Ética Protestante e o Espírito do Capitalismo. No período que medeia entre 1906 e 1910, Weber participou intensamente da vida intelectual de Heidelberg, mantendo longas discussões com eminentes acadêmicos, como seu irmão Alfred, Otto Klebs, Eberhard Gotheim, Wilhelm Windelband, Georg Jellinek, Ernst Troeltsch, Karl Neumann, Emil Lask, Friedrich Gundolf, Arthur Salz. Nas férias, muitos amigos vinham a Heidelberg visitá-lo; entre eles, Robert Michels, Werner Sombart, o filósofo Paul Hensel, Hugo Münsterberg, Ferdinand Töennies, Karl Vossler e, sobretudo, Georg Simmel. Entre os jovens universitários que procuravam o estímulo de Weber contavam-se Paul Honigsheim, Karl Lowenstein e Georg Lukács.

Após a Primeira Guerra Mundial, na qual participou ativamente, Weber mudou-se para Viena. Durante o verão de 1918, ministrou seu primeiro curso, depois de dezenove anos de afastamento da cátedra. Nesse curso, apresentou sua sociologia das religiões e da política sob o título de Uma Crítica Positiva da Concepção Materialista da História.

Em 1919, tendo abandonado o monarquismo pelo republicanismo, Weber substituiu Brentano na Universidade de Munique. Suas últimas aulas, feitas a pedidos de alunos, foram publicadas sob o título História Econômica Geral. Em meados de 1920, adoeceu de pneumonia. Morreu em junho de 1920, deixando inacabado um livro de revisão e síntese de toda a sua obra, intitulado Wirtschaft und Gesellschaft, que é de importância fundamental para a compreensão de seu pensamento.

* *

Os numerosos trabalhos de Weber foram, sem exagero, fundamentais para o desenvolvimento da sociologia contemporânea. Pode-se dizer que sua obra, juntamente com a de Marx, de Comte e de Durkheim, é um dos fundamentos da metodologia da sociologia moderna. Nos dois ensaios apresentados neste volume, o leitor poderá se familiarizar não só com uma amostra da contribuição metodológica de Weber como também com uma de suas mais brilhantes análises substantivas.

Tanto a vida como a obra de Weber têm sido objeto de amplas análises, realizadas por sociólogos famosos como Raymond Aron, Hans Gerth, C. Wrigth Mills e Reinhard Bendix. Este prefácio não pretende, portanto, fornecer subsídios originais para a compreensão do pensamento weberiano. O leitor que desejar aprofundar-se no assunto deverá reportar-se aos trabalhos interpretativos escritos pelos sociólogos acima mencionados, além, naturalmente, de compulsar as obras do próprio Weber. É certo, entretanto, que a compreensão dos ensaios apresentados neste volume poderá ser facilitada por meio de algumas sugestões interpretativas, que o leitor cuidará de desenvolver na medida em que se interesse pela obra de Weber.

Alvin Gouldner, em penetrante ensaio, sugere que tanto as virtudes como os defeitos do pensamento de Weber podem ser explicados a partir das relações estruturais que ele manteve durante sua vida. Mais especificamente, o pensamento de Weber teria sido influenciado principalmente pelas relações que manteve com seus parentes (especialmente com *a mãe), pelo clima universitário existente na Alemanha, pelas viagens que realizou (especialmente aos Estados Unidos) e pelo clima político da Alemanha.*

Esse conjunto de influências acabou por produzir, em Weber, aquilo que muitos consideram a preocupação central de sua obra: a racionalidade. A impressão que se tem é a de que seus estudos sobre religiões, a análise do surgimento do capitalismo, os estudos sobre poder e burocracia, os escritos metodológicos e sua sociologia do Direito são tentativas de resposta a perguntas tais como: quais as condições necessárias para o aparecimento da racionalidade?; qual a natureza da racionalidade?; quais as consequências socioeconômicas da racionalidade? Se tal impressão for verdadeira, os dois ensaios que são apresentados em seguida constituem verdadeiros marcos do pensamento de Weber, pois ambos se referem especificamente à racionalidade.

Para Weber, a racionalidade diz respeito a uma equação dinâmica entre meios e fins. Nesse particular, ele acreditava (e essa crença permeou o pensamento dos sociólogos funcionalistas contemporâneos, tais como Parsons, Williams, Homans etc.) que toda ação humana é realizada visando a determinadas metas — concepções afetivas do desejável — ou valores. Tais valores são fenômenos culturais e possuem bases extracientíficas. Em outras palavras, as definições do que é bom e do que é mau, do que é bonito e do que é feio, do que é agradável e do que é desagradável constituem proposições extraempíricas. Não se pode provar empiricamente que uma coisa seja bela ou feia etc. Semelhantes proposições constituem, nas palavras de Hempel, "julgamentos categóricos de valor".

Para atingir tais metas ou obter tais valores, o homem precisa agir. A ação humana pode, entretanto, ser mais ou me-

nos eficaz para a consecução de valores. A eficácia do comportamento é relativa porque (a) existem sempre diferentes formas de ação, isto é, a ação humana não é determinada ou limitada por apenas um curso, mas há sempre alternativas do curso de ação ao dispor do homem e (b) o homem possui uma série de valores que precisam ser selecionados, hierarquizados e visados. Por outro lado, a cada momento e espaço, o homem não consegue fazer duas coisas ao mesmo tempo. Em linguagem sofisticada, pode-se dizer que o Princípio da Complementaridade descoberto por Bohr (segundo o qual o elétron pode ser considerado como onda e como partícula, dependendo do contexto) aplica-se também ao comportamento humano. Como afirma o físico Von Pauli: "Posso escolher a observação de um experimento A e arruinar B ou escolher a observação de B e arruinar A. Não posso, entretanto, deixar de escolher a ruína de um deles". Em vista dessa situação, o homem está constantemente enfrentando e sendo obrigado a realizar opções. O problema da opção, como sugere Raymond Aron, confere à obra de Weber um sentido existencialista. Que este problema tem intenso significado é coisa que se verifica pela oposição entre "ética de condição" (imperativo categórico para o cientista) e "ética de responsabilidade" (moral de Maquiavel — necessária para a política).

Os critérios de opção da ação humana variam. Segundo Weber, há quatro tipos de orientação para a ação: (a) tradicional, baseada em hábitos de longa prática; (b) affektueel, baseada nas afeições e nos estados sensórios do agente; (c) wertrational, baseada em crença no valor absoluto de um comportamento ético, estético, religioso, ou outra forma, exclusivamente por seu valor e independentemente de qualquer esperança quanto ao sucesso externo; e (d) zwecrational, baseada na expectativa de comportamento e objetos da situação externa e de outros indivíduos usando tais expectativas como "condições" ou "meios" para a consecução bem-sucedida dos fins racionalmente escolhidos pelo próprio agente. É lógico que Weber sabia que cada uma dessas orientações é "racional" quando se leva em conta a equação meios-fins. Mas o seu interesse estava voltado para as condições necessárias, para as manifestações e consequências da orientação zwecrational.

Em A Política Como Vocação, tal interesse se volta para as condições necessárias ao funcionamento do Estado moderno, para a burocracia como organização social baseada numa orientação zwecrational de ações e nas consequências da burocratização do Estado moderno para a sociedade em que se encontra inserido. Para Weber, diferentes tipos de sociedades apresentam diferentes formas de liderança política. Entretanto, a manutenção dessas lideranças depende de organizações administrativas que realizam a "expropriação" política. São tais organizações que irão, afinal de contas, determinar a "racionalidade" do sistema político; são elas que irão exercer, com maior ou menor sucesso, o monopólio do poder de uma sociedade. A "racionalidade" de semelhantes organizações depende, em primeiro lugar, de uma distinção entre "viver para a política" e "viver da política". Ainda que Weber não o afirme categoricamente, essa distinção ajuda a compreender as motivações da ação política e, por sua vez, gera o problema da corrupção na organização política. Em segundo lugar, a racionalidade do sistema político aumenta na medida em que ocorrem uma diferenciação de status-papéis e uma especialização funcional dentro das organizações administrativas. A brilhante e erudita análise de Weber sugere que a diferenciação ocorre quando há uma especialização entre a administração, que deve ser exercida sine ira et studio, e a liderança política, cuja ação é, por natureza, fundamentada na ira et studium. Essa especialização, por sua vez, tende a mudar os critérios de alocação de status-papéis na organização política. Os critérios deixam de ser plutocráticos e passam a basear-se no desempenho e no conhecimento especializado. Não há portanto, nessa nova organização, lugar para o dilettante, pois o seu "sucesso" depende, cada vez mais, da ação especializada.

Em A Ciência Como Vocação, o interesse de Weber pela orientação zwecrational se manifesta no exame da própria prática da racionalidade. Segundo ele, a Ciência ou a prática da Ciência contribui para o desenvolvimento da tecnologia, que controla a vida. Contribui, também, para o desenvolvimento de métodos de pensamento, para a construção de instrumentos e adestramento do pensar. Finalmente, a Ciência contribui para o "ganho da clareza". O que Weber quer dizer com isso? Quer dizer que a Ciência indica os meios necessários para atingir determinadas metas. E que tais metas devem, portanto, ser claramente formuladas, a fim de se identificarem os meios de atingi-las. Por via desse processo, entretanto, os homens ficam sabendo o que querem e o que devem fazer para obter o que querem. E isso possibilita a opção não só de meios mas de metas de comportamento. E eis, segundo Weber, a grande contribuição da Ciência. Em última análise, portanto, a contribuição da prática científica é, para o pensador alemão, o desenvolvimento da racionalidade.

Tem-se a impressão de que o problema da racionalidade assume, por vezes, em Weber, um caráter formalista, que se traduz na adequação entre meios e fins e não no exame crítico dos fins. As experiências de Hiroxima e Nagasáqui, a Guerra Fria e outras manifestações "racionalistas" do pós-guerra sugeriram aos cientistas contemporâneos os perigos existentes numa atitude formalista com relação à "racionalidade".

Weber, entretanto, era um homem de seu tempo e só uma análise da estrutura em que estava inserido nos pode ajudar a compreender sua preocupação com a racionalidade e a maneira como a define.

Ele teve a grande virtude de perceber que, na Alemanha de Weimar, as Universidades estavam sendo impregnadas por ideologias estranhas à educação. Mais precisamente, que o fascismo da nascente política nacional socialista estava começando a ameaçar o espírito crítico e a liberdade de pensamento. Os cargos acadêmicos eram, muitas vezes, preenchidos por indivíduos que utilizavam as cátedras para discursos políticos demagógicos de inspiração fascista. A educação racionalista e jurídica de Weber contribuiu para que ele pudesse perceber o perigo que tal prática trazia não só para a educação como para o próprio futuro da Alemanha. Daí a sua preocupação com a racionalidade e com a objetividade.

Ainda, entretanto, que se descubram as causas estruturais do pensamento weberiano e suas limitações epistemológicas, sua contribuição à Sociologia permanece central não só por suas análises comparativas, por seu método da compreensão (verstehen), ou pela descoberta das conexões entre orientações valorativas e comportamentos estruturais. O pensamento de Weber persiste também porque muitas das características da estrutura social da República de Weimar basicamente se repetem em outras sociedades, em outros tempos.

Manoel T. Berlinck, Ph.D.

A ciência como vocação

PEDIRAM-ME OS SENHORES que lhes falasse da ciência como vocação. Ora, nós economistas temos o hábito pedante, a que me agradaria permanecer fiel, de partir sempre do exame das condições externas do problema. No caso presente, parto da seguinte indagação: quais são, no sentido material do termo, as condições de que se rodeia a ciência como vocação? Hoje em dia, essa pergunta equivale, praticamente e em essência, a esta outra: quais são as perspectivas de alguém que, tendo concluído seus estudos superiores, decida dedicar-se profissionalmente à ciência, no âmbito da vida universitária? Para compreender a peculiaridade que, sob esse ponto de vista, apresenta a situação alemã, convém recorrer ao processo da comparação e conhecer as condições que vigem no estrangeiro. Quanto a esse aspecto, são os Estados Unidos da América que apresentam os contrastes mais violentos com a Alemanha, razão por que dirigiremos nossa atenção para aquele país.

Sabemos todos que, na Alemanha, a carreira do jovem que se consagra à ciência tem, normalmente, como primeiro passo, a posição de *Privatdozent*. Após longo trato com especialistas da matéria escolhida, e após haver-lhes obtido o consentimento, o candidato se habilita ao ensino superior redigindo uma tese e submetendo-se a um exame que é, as mais das vezes, formal, perante uma comissão integrada por docentes de sua Universidade. Ser-lhe-á, então, permitido ministrar cursos a propósito de assuntos por ele próprio selecionados dentro do quadro de sua *venia legendi*, sem receber qualquer remuneração, a não ser as taxas pagas pelos estudantes. Nos Estados Unidos da América, inicia-se a carreira acadêmica de maneira inteiramente diversa: parte-se do desempenho da função de "assistente". Trata-se de modo de proceder muito próximo, por exemplo, ao dos grandes institutos alemães das Faculdades de Ciências e de Medicina, onde a habilitação formal à posição de *Privatdozent* só é tentada por pequena fração de assistentes e, com frequência, em fase avançada das respectivas carreiras. A diferença que nosso sistema apresenta em relação ao americano significa que, na Alemanha, a carreira de um homem de ciência se apoia em alicerces plutocráticos. Para um jovem cientista sem fortuna pessoal é, com efeito, extremamente arriscado enfrentar os azares da carreira universitária. Deve ele ter condições para subsistir com seus próprios recursos, ao menos durante certo número de anos, sem ter, de maneira alguma, a certeza de que um dia lhe será aberta a possibilidade de ocupar uma posição que lhe dará meios de viver decentemente. Nos Estados Unidos da América reina, em oposição ao nosso, o sistema burocrático. Desde que inicia a carreira, o jovem cientista recebe um pagamento. Trata-se de salário modesto que, frequentemente, é apenas igual ao de um trabalhador semiespecializado. Não obstante, o jovem parte de uma situação aparentemente estável, pois recebe ordenado fixo. É de regra, entretanto, que se possa despedi-lo, tal como são afastados os assistentes alemães, quando não correspondem às expectativas. E que expectativas são essas? Pura e simplesmente que ele consiga "sala cheia". Isso é algo que não afeta o *Privatdozent*. Uma vez admitido, ele não pode ser desalojado. Não lhe permitem, por certo, quaisquer reivindicações, mas ele adquire o sentimento, humanamente compreensível, de que, após anos de trabalhos, tem o direito moral de esperar alguma consideração. A situação adquirida é levada em conta — e isso é, com frequência, de grande importância — no momento de eventual "habilitação" de outros *Privatdozenten*. Surge, a partir daí, um problema: deve-se conceder a "habilitação" a todo jovem cientista que haja dado provas de sua capacidade, ou deve-se ter em conta as "necessidades do ensino", dando aos *Dozenten* já qualificados o monopólio do lecionar? Essa indagação faz surgir um dilema penoso, que se liga ao duplo aspecto da vocação universitária e que será, dentro em pouco, objeto de considerações. Na generalidade dos casos, as opiniões se inclinam em favor da segunda solução. Mas ela não faz senão com que se acentuem certos perigos. Em verdade, a despeito de sua probidade pessoal, o professor titular da disciplina que se ache em causa se verá, apesar de tudo, inclinado a dar preferência a seus próprios alunos. Se posso falar de minha atitude pessoal, adotei a diretriz seguinte: pedia ao estudante que havia elaborado sua tese sob minha orientação que se candidatasse e "habilitasse" perante outro professor, em outra universidade. Desse procedimento resultou que um de meus alunos, e dos mais capazes, não foi aceito por colegas meus, porque nenhum destes acreditou no motivo que o levava a procurá-los.

Existe outra diferença entre o sistema alemão e o americano. Na Alemanha, o *Privatdozent* dá, em geral, menos cursos do que desejaria. Tem ele, por certo, o direito de oferecer todos os cursos que estejam dentro de sua especialidade. Mas, agir assim, seria considerado grande indelicadeza para com os *Dozenten* mais antigos; em consequência, os "grandes" cursos ficam reservados para os professores e os *Dozenten* devem limitar-se aos cursos de importância secundária. Em tal sistema encontram os *Dozenten* a vantagem, talvez involuntária, de, durante a juventude, dispor de lazeres que podem ser consagrados aos trabalhos científicos.

Nos Estados Unidos da América, a organização é fundamentalmente diversa. É precisamente durante os anos de juventude que o assistente se vê literalmente sobrecarregado de trabalho, exatamente porque é remunerado. Num departamento de estudos germânicos, o professor titular dá cerca de três horas de curso sobre Goethe e isso é tudo — enquanto que o jovem assistente deve considerar-se feliz se, ao longo de suas doze horas de trabalho semanal, a par dos exercícios práticos de alemão, for autorizado a dar algumas lições sobre escritores de mérito maior que, digamos, Uhland. Instâncias superiores elaboram o programa e a ele o assistente se deve curvar, tal como ocorre, na Alemanha, com o assistente de um instituto.

Nos últimos tempos, podemos observar claramente que, em numerosos domínios da ciência, desenvolvimentos recentes do sistema universitário alemão orientam-se de acordo com padrões do sistema norte-americano. Os grandes institutos de ciência e de medicina se transformaram em empresas de "capitalismo estatal". Já não é possível geri-las sem dispor de recursos financeiros consideráveis. E nota-se o surgimento, como aliás em todos os lugares em que se implanta uma empresa capitalista, do fenômeno específico do capitalismo, que é o de "privar o trabalhador dos meios de produção". O trabalhador — o assistente — não dispõe de outros recursos que não os instrumentos de trabalho que o Estado coloca a seu alcance; consequentemente, ele depende do diretor do instituto tanto quanto o empregado de uma fábrica depende de seu patrão — pois o diretor de um instituto imagina, com inteira boa-fé, que aquele é *seu* instituto: dirige-o a seu bel-prazer. Assim, a posição do assistente é, com frequência, nesses institutos, tão precária quanto a de qualquer outra existência "proletaroide" ou quanto a dos assistentes das universidades norte-americanas. Tal como se dá com outros setores de nossa vida, a universidade alemã se americaniza, sob importantes aspectos. Estou convencido de que essa evolução chegará mesmo a atingir as disciplinas em que o trabalhador é proprietário pessoal de seus meios de trabalho (essencialmente, de sua biblioteca). No momento, o trabalhador de minha especialidade continua a ser, em larga medida, seu próprio patrão, à semelhança do artesão de outrora, no quadro de seu mister próprio. A evolução se processa, contudo, a grandes passos.

Não se podem negar as incontestáveis vantagens técnicas dessa evolução, que se manifestam em quaisquer empresas que tenham, ao mesmo tempo, características burocráticas e capitalistas. Todavia, o novo "espírito" é bem diferente da velha atmosfera histórica das universidades alemãs. Há um abismo, tanto visto de fora quanto visto de dentro, entre essa espécie de grande empresa universitária capitalista e o professor titular comum, de velho estilo. Isso se traduz até na maneira íntima de ser. Não quero, entretanto, descer a pormenores. A antiga organização universitária tornou-se uma ficção, tanto no que se refere ao espírito, como no que diz respeito à estrutura. Há, não obstante, um aspecto próprio da carreira universitária que se manteve e se vem manifestando de maneira ainda mais sensível: o papel do acaso. É a ele que o *Privatdozent* e, em particular, o assistente deverão atribuir o fato de, eventualmente, passarem a ocupar uma posição de professor titular ou de diretor de um instituto. Claro está que o arbitrário não reina sozinho em tais domínios, mas apesar disso, exerce influência fora do comum. Não me consta existir, em todo o mundo, carreira em relação à qual o seu papel seja mais importante. Estou à vontade para falar do assunto, pois, pessoalmente, devo a um concurso de circunstâncias particularmente felizes o fato de haver sido convocado, ainda muito jovem, para ocupar uma posição de professor titular dentro de um campo de especialidade em que colegas de minha idade já haviam produzido muito mais do que eu mesmo. Com base em tal experiência, creio possuir visão penetrante para compreender o imerecido fado de numerosos colegas para os quais a fortuna não sorria, e ainda não sorri, e que, devido aos processos de seleção, jamais puderam ocupar, a despeito do talento de que são dotados, as posições que mereceriam.

Se o acaso e não apenas o valor desempenha papel tão relevante, culpa não cabe exclusivamente, nem principalmente, às fraquezas humanas que se manifestam, evidentemente, na seleção a que me refiro e em qualquer outra. Seria injusto imputar às deficiências pessoais que se manifestam no quadro de faculdades ou de ministérios responsabilidade por uma situação que leva tão grande número de mediocridades a desempenharem funções importantes nas carreiras universitárias. A razão deve ser buscada, antes, nas leis que regem a cooperação humana, especialmente a cooperação entre organizações diversas, e, em nosso caso particular, a colaboração entre as faculdades que propõem os candidatos e o ministério que os nomeia. Podemos recorrer a um paralelo com a eleição dos papas que, ao longo de numerosos séculos, nos vem fornecendo o mais importante exemplo concreto desse tipo de seleção. O cardeal que se indicava como "favorito" raramente vinha a ser eleito. Regra geral, elegia-se o candidato número dois ou número três. Ocorre fenômeno idêntico nas eleições presidenciais dos Estados Unidos da América. Só excepcionalmente o candidato número um e mais proeminente é "escolhido" pelas convenções nacionais dos partidos; na maioria das vezes, escolhe-se o candidato número dois e, com frequência, o número três. Os norte-americanos já chegaram mesmo a criar expressões técnicas e sociológicas para caracterizar essas categorias de candidatos. Seria, é claro, interessante examinar, a partir de tais exemplos, as leis de uma seleção que se faz por ato de vontade coletiva, mas esse não é o nosso propósito de hoje. Essas mesmas leis se aplicam também às eleições nas assembleias universitárias. E devemos espantar-nos não com os erros que, nessas condições, são frequentemente cometidos, mas sim com o fato de que, guardadas todas as proporções, constata-se, apesar de tudo, que há número igualmente considerável de nomeações *justificadas*. Só em alguns países em que o Parlamento tem influência no caso ou em nações em que os monarcas intervêm por motivos *políticos* (o resultado é o mesmo em ambas as situações), tal como acontecia na Alemanha até época recente e, de novo, em nossos dias, com os detentores do poder revolucionário, é que podemos estar certos de que os medíocres e os arrivistas são os únicos a terem possibilidade de ser nomeados.

Nenhum professor universitário gosta de relembrar as discussões que se travaram quando de sua nomeação, porque elas raramente são agradáveis. Posso, entretanto, declarar que, nos numerosos casos que são de meu conhecimento, constatei, sem exceção, a existência de uma *boa vontade* preocupada em evitar que na decisão interviessem razões outras que não as puramente objetivas.

É preciso, por outro lado, compreender claramente que as deficiências observadas na seleção que se opera por vontade coletiva não explicam, por si mesmas, o fato de que a decisão relativa aos destinos universitários é, em grande porção, deixada ao "acaso". Todo jovem que acredite possuir a vocação de cientista deve dar-se conta de que a tarefa que o espera reveste duplo aspecto. Deve ele possuir não apenas as qualificações do cientista, mas também as do professor. Ora, essas duas características não são absolutamente coincidentes. É possível ser, ao mesmo tempo, eminente cientista e péssimo professor. Penso na atividade docente de homens tais como Helmholtz ou Ranke que, por certo, não são exceções. Em verdade, as coisas se passam da seguinte maneira: as universidades alemãs, particularmente as pequenas, entregam-se, entre si, à mais ridícula concorrência para atrair estudantes. Os locadores de quartos para estudantes, primários como camponeses, organizam festas em honra do milésimo aluno e apreciariam organizar marchas à luz de tochas para saudar o milésimo seguinte. A renda que advém da contribuição dos estudantes é, importa confessá-lo, condicionada pelo fato de outros professores que "atraem grande número de alunos" ministrarem cursos de disciplinas afins. Ainda que se faça abstração de tal circunstância, continuará a ser verdade que o número de estudantes matriculados constitui um critério tangível de valor, enquanto que o mérito do cientista pertence ao domínio do imponderável. Dá-se frequentemente (e é natural) que se utilize exatamente esse argumento para responder aos inovadores audaciosos. Eis por que tudo quase sempre se subordina à obsessão da sala cheia e dos frutos que daí decorrem. Quando de um *Dozent* se diz que é mau professor, isso equivale, na maioria das vezes, a pronunciar uma sentença de morte universitária, embora seja ele o primeiro dos cientistas do mundo. Avalia-se, portanto, o bom e o mau professor pela assiduidade com que os Senhores Estudantes se disponham a honrá-lo. Ora, é indiscutível que os estudantes procuram um determinado professor por motivos que são em grande parte — parte tão grande que é difícil acreditarmos em sua extensão — alheios à ciência, motivos que dizem respeito, por exemplo, ao temperamento ou à inflexão da voz. Experiência pessoal já bastante ampla e reflexão isenta de qualquer fantasia conduziram-me a desconfiar fortemente dos cursos procurados por grande massa de estudantes, embora o fato pareça inevitável. A democracia deve ser praticada onde convém. A educação científica, tal como, por tradição, deve ser ministrada nas universidades alemãs, constitui-se numa tarefa de aristocracia espiritual. É inútil querer dissimulá-lo. Ora, é também verdade, por outro lado, que dentre todas as tarefas pedagógicas, a mais difícil é a que consiste em expor problemas científicos de maneira tal que um espírito não preparado, mas bem-dotado, possa compreendê-lo e formar uma opinião própria — o que, para nós, corresponde ao único êxito decisivo. Ninguém o contestará, mas não é, de maneira alguma, o número de ouvintes que dará a solução do problema. Aquela capacidade depende — para voltar a nosso tema — de um dom pessoal e de maneira alguma se confunde com os conhecimentos científicos de que seja possuidora uma pessoa. Contrariamente ao que se dá na França, a Alemanha não tem uma corporação de imortais da ciência, mas são as universidades que devem, por tradição, responder às exigências da pesquisa e do ensino. Será mera coincidência o fato de essas duas aptidões se encontrarem no mesmo homem. A vida universitária está, portanto, entregue a um acaso cego. Quando um jovem cientista nos procura para pedir conselho, com vistas à sua habilitação, é-nos quase impossível assumir a responsabilidade de lhe aprovar o desígnio. Se se trata de um judeu, a ele se diz com naturalidade: *lasciate ogni speranza*. Impõe-se, porém, que a todos os outros candidatos também se pergunte. "Você se acredita capaz de ver, sem desespero nem amargor, ano após ano, passar à sua frente mediocridade após mediocridade?" Claro está que sempre se recebe a mesma resposta: "Por certo que sim! Vivo apenas para minha vocação". Não obstante, eu, pelo menos, só conheci muito poucos candidatos que tenham suportado aquela situação sem grande prejuízo para suas vidas interiores.

Eis aí o que era necessário dizer acerca das condições exteriores da ocupação de cientista.

Creio que, em verdade, os senhores esperam que eu lhes fale de outro assunto, ou seja, da *vocação* científica propriamente dita. Em nossos dias e referida à organização científica, essa vocação é determinada, antes de tudo, pelo fato de que a ciência atingiu um estágio de especialização que ela outrora não conhecia e no qual, ao que nos é dado julgar, se manterá para sempre. A afirmação tem sentido não apenas em relação às condições externas do trabalho científico, mas também em relação às disposições interiores do próprio cientista, pois jamais um indivíduo poderá ter a certeza de alcançar qualquer coisa de valor verdadeiro no domínio da ciência, sem possuir uma rigorosa especialização. Todos os trabalhos que se estendem para o campo de especialidades vizinhas — é experiência que nós, economistas, temos de tempos em tempos e que os sociólogos têm constante e necessariamente — levam a marca de um resignado reconhecimento: podemos propor aos especialistas de disciplinas afins *perguntas* úteis, que eles não teriam formulado tão facilmente se partissem de seu próprio ponto de vista, mas, em contrapartida, nosso trabalho pessoal permanecerá inevitavelmente incompleto. Só a especialização estrita permitirá que o trabalhador científico experimente por uma vez, e certamente não mais que por uma vez, a satisfação de dizer a si mesmo: desta vez, consegui algo que *permanecerá*. Em nosso tempo, obra verdadeiramente definitiva e importante é sempre obra de especialista. Consequentemente, todo aquele que se julgue incapaz de, por assim dizer, usar antolhos ou de se apegar à ideia de que o destino de sua alma depende de ele formular determinada conjetura e precisamente essa, a tal altura de tal manuscrito, fará melhor em permanecer alheio ao trabalho científico. Ele jamais sentirá o que se pode chamar a "experiência" viva da ciência. Sem essa embriaguez singular, de que zombam todos os que se mantêm afastados da ciência, sem essa paixão, sem essa certeza de que "milhares de anos se escoaram antes de você ter acesso à vida e milhares se escoarão em silêncio" se você não for capaz de formular aquela conjetura; sem isso, você não possuirá *jamais* a vocação de cientista e melhor será que se dedique a outra atividade. Com efeito, para o homem, enquanto homem, nada tem valor a menos que ele *possa* fazê-lo *com paixão*.

Outra coisa, entretanto, é igualmente certa: por mais intensa que seja essa paixão, por mais sincera e mais profunda, ela não bastará, absolutamente, para assegurar que se alcance êxito. Em verdade, essa paixão não passa de requisito da "inspiração", que é o único fator decisivo. Hoje em dia, acha-se largamente disseminada, nos meios da juventude, a ideia de que a ciência se teria transformado numa operação de cálculo, que se realizaria em laboratórios e escritórios de estatística, não com toda a "alma", porém apenas com o auxílio do entendimento frio, à semelhança do trabalho em uma fábrica. Ao que se deve desde logo responder que os que assim se manifestam não têm, frequentemente, nenhuma ideia clara acerca do que se passa numa fábrica ou num laboratório. Com efeito, tanto num caso como no outro, é preciso que algo *ocorra ao espírito* do trabalhador — e precisamente a ideia exata — pois, de outra forma, ele nunca será capaz de produzir algo que encerre valor. Essa inspiração não pode ser forçada. Ela nada tem em comum com o cálculo frio. Claro está que, por si mesma, ela não passa também de um requisito. Nenhum sociólogo pode, por exemplo, acreditar-se desobrigado de executar, mesmo em seus anos mais avançados e, talvez, durante meses a fio, operações triviais. Quando se quer atingir um resultado, não se pode impunemente, fazer com que o trabalho seja executado por meios mecânicos — ainda que esse resultado seja, frequentes vezes, de significação reduzida. Contudo, se não nos acudir ao espírito uma "ideia" precisa, que oriente a formulação de hipóteses, e se, enquanto nos entregamos a nossas conjeturas, não nos ocorre uma "ideia" relativa ao alcance dos resultados parciais obtidos, não chegaremos nem mesmo a alcançar aquele mínimo. Normalmente, a inspiração só ocorre após esforço profundo. Não há dúvida de que nem sempre é assim. No campo das ciências, a intuição do diletante pode ter significado tão grande quanto a do especialista e, por vezes, maior. Devemos, aliás, muitas das hipóteses mais frutíferas e dos conhecimentos de maior alcance a diletantes. Estes não se distinguem dos especialistas — conforme o juízo de Helmholtz a respeito de Robert Mayer — senão por ausência de segurança no método de trabalho e, amiudadamente, em consequência, pela incapacidade de verificar, apreciar e explorar o significado da própria intuição. Se a inspiração não substitui o trabalho, este, por seu lado, não pode substituir, nem forçar o surgimento da intuição, o que a paixão também não pode fazer. Mas o trabalho e a paixão fazem com que surja a intuição, especialmente quando ambos atuam ao mesmo tempo. Apesar disso, a intuição não se manifesta quando nós a queremos, mas quando ela quer. Certo é que as melhores ideias nos ocorrem, segundo a observação de Ihering, quando nos encontramos sentados em uma poltrona e fumando um charuto ou, ainda, segundo o que Helmholtz observa a respeito de si mesmo, com precisão quase científica, quando passeamos por uma estrada que apresente ligeiro aclive ou quando ocorram circunstâncias semelhantes. Seja como for, as ideias nos acodem quando não as esperamos e não quando, sentados à nossa mesa de trabalho, fatigamos o cérebro a procurá-las. É verdade entretanto, que elas não nos ocorreriam se, anteriormente, não houvéssemos refletido longamente em nossa mesa de estudos e não houvéssemos, com devoção apaixonada, buscado uma resposta. De qualquer modo, o estudioso está compelido a contar com o acaso, sempre presente em todo trabalho científico: ocorrerá ou não ocorrerá a inspiração? Pode dar-se que alguém seja trabalhador notável, sem que jamais lhe ocorra uma inspiração. Cometer-se-ia, aliás, erro grave, se se imaginasse que tão somente no campo das ciências é que as coisas se passam de tal modo e que num escritório comercial elas se apresentam de maneira inteiramente diversa do modo como se apresentam em um laboratório. Um comerciante ou um grande industrial que não tenham "imaginação comercial", isto é, que não tenham inspiração, que não tenham intuições geniais, não passarão nunca de homens que teriam feito melhor se houvessem permanecido na condição de funcionários ou de técnicos: jamais criarão formas novas de organização. A intuição, ao contrário do que julgam os pedantes, não desempenha, em ciência, papel mais importante do que o papel que lhe toca no campo dos problemas da vida prática, que o empreendedor moderno se empenha em resolver. De outra parte — e é ponto também frequentemente esquecido — o papel da intuição não é menos importante em ciência do que em arte. É pueril acreditar que um matemático, preso a sua mesa de trabalho, pudesse atingir resultado cientificamente útil por meio do simples manejo de uma régua ou de um instrumento mecânico, tal como a máquina de calcular. A imaginação matemática de um Weierstrass é, quanto a seu sentido e resultado, orientada de maneira inteiramente diversa da maneira como se orienta a imaginação de um artista, da qual se distingue também, e radicalmente, do ponto de vista da qualidade; mas o processo psicológico é idêntico em ambos os casos. Ambos equivalem à embriaguez ("mania", no sentido de Platão) e à "inspiração".

As intuições científicas que nos podem ocorrer dependem, portanto, de fatores e "dons" que são por nós ignorados. Essa verdade incontestável serve de pretexto, aos olhos de certa mentalidade popular (disseminada, o que é compreensível, especialmente entre os jovens), para levar à devoção ídolos, cujo culto, hoje em dia, se faz ostensivamente, em todas as esquinas e em todos os jornais. Esses ídolos são os da "personalidade" e da "experiência pessoal". Há, entre esses ídolos, ligações estreitas, pois, um pouco por toda a parte, predomina a ideia de que a experiência pessoal constituiria a personalidade e se incluiria em sua essência. Tortura-se o espírito para fabricar "experiências pessoais", na convicção de que isso constitui atitude digna de uma personalidade e, quando não se alcança resultado, pode-se, ao menos, assumir o ar de possuir essa graça. Outrora, em língua alemã, a "experiência pessoal" era chamada "sensação". E creio que, naquela época, tinha-se ideia mais clara do que seja a personalidade e do que ela significa.

Senhoras e senhores! Só aquele que se coloca pura e simplesmente *ao serviço de sua causa* possui, no mundo da ciência, "personalidade". E não é somente nessa esfera que assim acontece. Não conheço grande artista que haja feito outra coisa que não o colocar-se ao serviço da causa da arte e dela apenas. Mesmo uma personalidade da estatura de Goethe, na medida em que sua arte está em pauta, teve de expiar a liberdade que tomou de fazer de sua "vida" uma obra de arte. Os que ponham em dúvida essa afirmativa admitirão, não obstante, que era necessário ser um Goethe para poder permitir-se tentativa semelhante e ninguém contestará que mesmo uma personalidade de seu tipo, que só aparece uma vez a cada mil anos, não teve condição de assumir essa atitude impunemente. Coisa diversa não acontece no domínio da política, mas hoje, não abordaremos esse tema. No mundo da ciência, é absolutamente impossível considerar como uma "personalidade" o indivíduo que não passa de empresário da causa a que deveria dedicar-se, que se lança à cena com a esperança de se justificar por uma "experiência pessoal" e que só é capaz de indagar: "Como poderia eu provar que sou coisa diversa de um simples especialista? Como poderia eu proceder para afirmar, na forma e no fundo, algo jamais dito por pessoa alguma?" Trata-se de fenômeno que, em nossos dias, assume proporções desmesuradas, embora só produza resultados desprezíveis, para não mencionar que diminui quem propõe aquele gênero de pergunta. Em oposição a isso, aquele que põe todo o coração em sua obra, e só nela, eleva-se à altura e à dignidade da causa que deseja servir. E para o artista o problema se coloca de maneira perfeitamente idêntica.

A despeito dessas condições prévias, que são comuns à ciência e à arte, outras existem que fazem com que nosso trabalho seja profundamente diverso do trabalho do artista. O trabalho científico está ligado ao curso do progresso. No domínio da arte, ao contrário, não existe progresso no mesmo sentido. Não é verdade que uma obra de arte de época determinada, por empregar recursos técnicos novos ou novas leis, como a da perspectiva, seja, por tais razões, artisticamente superior a uma outra obra de arte elaborada com ignorância daqueles meios e leis, com a condição, evidentemente, de que sua matéria e forma respeitem as leis mesmas da arte, o que equivale a dizer: com a condição de que seu objeto haja sido escolhido e trabalhado segundo a essência mesma da arte, ainda que não recorrendo aos meios que hão de ser evocados. Uma obra de arte verdadeiramente "acabada" não será ultrapassada jamais, nem jamais envelhecerá. Cada um dos que a contemplem apreciará, talvez diversamente, a sua significação, mas nunca poderá alguém dizer de uma obra verdadeiramente "acabada" que ela foi "ultrapassada" por uma outra igualmente "acabada". No domínio da ciência, entretanto, todos sabem que a obra construída terá envelhecido dentro de dez, vinte ou cinquenta anos. Qual é, em verdade, o destino ou, melhor, a *significação*, em sentido muito especial, de que está revestido todo trabalho científico, tal como, aliás, todos os outros elementos da civilização sujeitos à mesma lei? É o de que toda obra científica "acabada" não tem outro sentido senão o de fazer surgirem novas "indagações": ela pede, portanto, que seja "ultrapassada" e envelheça. Quem pretenda servir à ciência deve resignar-se a tal destino. É indubitável que trabalhos científicos podem conservar importância duradoura, a título de "fruição", em virtude de qualidade estética ou como instrumento pedagógico de iniciação à pesquisa. Repito, entretanto, que na esfera da ciência, não só nosso destino, mas também nosso objetivo é o de nos vermos, um dia, ultrapassados. Não nos é possível concluir um trabalho sem esperar, ao mesmo tempo, que outros avancem ainda mais. E, em princípio, esse progresso se prolongará ao infinito.

Podemos, agora, abordar o problema da *significação* da ciência. Com efeito, não é, de modo algum, evidente que um fenômeno sujeito à lei do progresso albergue sentido e razão. Por que motivo, então, nos entregamos a uma tarefa que jamais encontra fim e não pode encontrá-lo? Assim se age, responde-se, em função de propósitos puramente práticos ou, no sentido mais amplo do termo, em função de objetivos técnicos; em outras palavras, para orientar a atividade prática de conformidade com as perspectivas que a experiência científica nos ofereça. Muito bem. Tudo isso, entretanto, só se reveste de significado para o "homem prático". A pergunta a que devemos dar resposta é a seguinte: qual a posição pessoal do homem de ciência perante sua vocação? — sob condição, naturalmente, de que ele a procure como tal. Ele nos diz que se dedica à ciência "pela ciência" e não apenas para que da ciência possam outros retirar vantagens comerciais ou técnicas ou para que os homens possam melhor nutrir-se, vestir-se, iluminar-se ou dirigir-se. Que obra significativa espera o homem de ciência realizar graças a descobertas invariavelmente destinadas ao envelhecimento, deixando-se aprisionar por esse cometimento que se divide em especialidades e se perde no infinito? Resposta a essa pergunta exige que façamos previamente algumas considerações de ordem geral.

*

O progresso científico é um fragmento, o mais importante indubitavelmente, do processo de intelectualização a que estamos submetidos desde milênios e relativamente ao qual algumas pessoas adotam, em nossos dias, posição estranhamente negativa.

Tentemos, de início, perceber claramente o que significa, na prática, essa racionalização intelectualista que devemos à ciência e à técnica científica. Significará, por acaso, que todos os que estão reunidos nesta sala possuem, a respeito das respectivas condições de vida, conhecimento de nível superior ao que um hindu ou um hotentote poderiam alcançar acerca de suas próprias condições de vida? É pouco provável. Aquele, dentre nós, que entra num trem não tem noção alguma do mecanismo que permite ao veículo pôr-se em marcha — exceto se for um físico de profissão. Aliás, não temos necessidade de conhecer esse mecanismo. Basta-nos poder "contar" com o trem e orientar, consequentemente, nosso comportamento; mas não sabemos como se constrói essa máquina que tem condições de deslizar. O selvagem, ao contrário, conhece, de maneira incomparavelmente melhor, os instrumentos de que se utiliza. Eu seria capaz de garantir que todos ou quase todos os meus colegas economistas, acaso presentes nesta sala, dariam respostas diferentes à pergunta: como explicar que, utilizando a mesma soma de dinheiro, ora se possa adquirir grande soma de coisas e ora uma quantidade mínima? O selvagem, contudo, sabe perfeitamente como agir para obter o alimento cotidiano e conhece os meios capazes de favorecê-lo em seu propósito. A intelectualização e a racionalização crescentes não equivalem, portanto, a um conhecimento geral crescente acerca das condições em que vivemos. Significam, antes, que sabemos ou acreditamos que, a qualquer instante, *poderíamos, bastando que o quiséssemos*, provar que não existe, em princípio, nenhum poder misterioso e imprevisível que interfira com o curso de nossa vida; em uma palavra, que podemos *dominar* tudo, por meio da previsão. Equivale isso a despojar de magia o mundo. Para nós não mais se trata, como para o selvagem que acredita na existência daqueles poderes, de apelar a meios mágicos para dominar os espíritos ou exorcizá-los, mas de recorrer à técnica e à previsão. Tal é a significação essencial da intelectualização.

Surge daí uma pergunta nova: esse processo de desencantamento, realizado ao longo dos milênios da civilização ocidental e, em termos mais gerais, esse "progresso" do qual participa a ciência, como elemento e motor, tem significação que ultrapasse esta pura prática e esta pura técnica? Esse problema mereceu exposição vigorosa na obra de Leon Tolstói. Tolstói a ele chegou por via que lhe é própria. O conjunto de suas meditações cristalizou-se crescentemente ao redor do tema seguinte: a morte é ou não é um acontecimento que encerra sentido? Sua resposta é a de que, para um homem civilizado, aquele sentido não existe. E não pode existir porque a vida individual do civilizado está imersa no "progresso" e no infinito e, segundo seu sentido imanente, essa vida não deveria ter fim. Com efeito, há sempre possibilidade de novo progresso para aquele que vive no progresso; nenhum dos que morrem chega jamais a atingir o pico, pois que o pico se põe no infinito. Abrão ou os camponeses de outrora morreram "velhos e plenos de vida", pois que estavam instalados no ciclo orgânico da vida, porque essa lhes havia ofertado, ao fim de seus dias, todo o sentido que podia proporcionar-lhes e porque não subsistia enigma que eles ainda teriam desejado resolver. Podiam, portanto, considerar-se satisfeitos com a vida. O homem civilizado, ao contrário, colocado em meio ao caminhar de uma civilização que se enriquece continuamente de pensamentos, de experiências e de problemas, pode sentir-se "cansado" da vida, mas não "pleno" dela. Com efeito, ele não pode jamais apossar-se senão de uma parte ínfima do que a vida do espírito incessantemente produz, ele não pode captar senão o provisório e nunca o definitivo. Por esse motivo, a morte é, a seus olhos, um acontecimento que não tem sentido. E porque a morte não tem sentido, a vida do civilizado também não o tem, pois a "progressividade" despojada de significação faz da vida um acontecimento igualmente sem significação. Nas últimas obras de Tolstói encontra-se, por toda a parte, esse pensamento, que dá tom à sua arte.

Qual a posição possível de adotar a esse respeito? Tem o "progresso", como tal, um sentido discernível, que se estende para além da técnica, de maneira tal que pôr-se a seu serviço equivaleria a uma vocação penetrada de sentido? É indispensável levantar esse problema. A questão que se coloca não é mais a que se refere tão somente à vocação científica, ou seja a de saber o que significa a ciência, enquanto vocação, para aquele que a ela se consagra; a pergunta é inteiramente diversa: qual o significado da *ciência* no contexto da vida humana e qual o seu valor?

Ora, a esse respeito, enorme é o contraste entre o passado e o presente. Lembremos a maravilhosa alegoria que se contém ao início do livro sétimo da *República* de Platão, a dos prisioneiros confinados à caverna. Os rostos desses prisioneiros estão voltados para a parede rochosa que se levanta diante deles; às costas, o foco de luz que eles não podem ver, condenados que estão a só se ocuparem das sombras que se projetam sobre a parede, sem outra possibilidade que a de examinar as relações que se estabelecem entre tais sombras. Ocorre, porém, que um dos prisioneiros consegue romper suas cadeias; volta-se e encara o sol. Deslumbrado, ele hesita, caminha em sentidos diferentes e, diante do que vê só sabe balbuciar. Seus companheiros o tomam por louco. Aos poucos, ele se habitua a encarar a luz. Feita essa experiência, o dever que lhe incumbe é o de tornar ao meio dos prisioneiros da caverna, a fim de conduzi-los para a luz. Ele é o filósofo, e o sol representa a verdade da ciência, cujo objetivo é o de conhecer não apenas as aparências e as sombras, mas também o ser verdadeiro.

Quem continua, entretanto, a adotar, em nossos dias, essa mesma atitude diante da ciência? A juventude, em particular, está possuída do sentimento inverso: a seus olhos, as construções intelectuais da ciência constituem um reino irreal de abstrações artificiais e ela se esforça, sem êxito, por colher, em suas mãos insensíveis, o sangue e a seiva da vida real. Acredita-se, atualmente, que a realidade verdadeira palpita justamente nessa vida que, aos olhos de Platão, não passava de um jogo de sombras projetadas contra a parede da caverna; entende-se que todo o resto são fantasmas inanimados, afastados da realidade, e nada mais. Como ocorreu essa transformação? O apaixonado entusiasmo de Platão, em sua *República*, explica-se, em última análise, pelo fato de, naquela época, haver sido descoberto o sentido de um dos maiores instrumentos de conhecimento científico: o *conceito*. O mérito cabe a Sócrates que compreende, de imediato, a importância do conceito. Mas não foi o único a percebê-la. Em escritos hindus, é possível encontrar os elementos de uma lógica análoga à de Aristóteles. Contudo, em nenhum outro lugar que não a Grécia percebe-se a consciência da importância do conceito. Foram os gregos os primeiros a saberem utilizar esse instrumento que permitia prender qualquer pessoa aos grilhões da lógica, de maneira tal que ela não podia se libertar senão reconhecendo ou que nada sabia ou que esta e não aquela afirmação correspondia à verdade, uma verdade *eterna* que nunca se desvaneceria como se desvanecem a ação e agitação cegas dos homens. Foi uma experiência extraordinária, que encontrou expansão entre os discípulos de Sócrates. Acreditou-se possível concluir que bastava descobrir o verdadeiro conceito do Belo, do Bem ou, por exemplo, o da Coragem ou da Alma — ou de qualquer outro objeto — para ter condição de compreender-lhe o ser verdadeiro. Conhecimento que, por sua vez, permitiria saber e ensinar a forma de agir corretamente na vida e, antes de tudo, como cidadão. Com efeito, entre os gregos, que só pensavam com referência à categoria da política, tudo conduzia a essa questão. Tais as razões que os levaram a ocupar-se da ciência.

A essa descoberta do espírito helênico associou-se, depois, o segundo grande instrumento do trabalho científico, engendrado pelo Renascimento: a experimentação racional. Tornou-se ela meio seguro de controlar a experiência, sem o qual a ciência empírica moderna não teria sido possível. Por certo que não se haviam feito experimentos muito antes dessa época. Haviam tido lugar, por exemplo, experiências fisiológicas, realizadas na Índia, no interesse da técnica ascética da ioga, assim como experiências matemáticas na antiguidade helênica, visando fins militares e, ainda, experiências na Idade Média, com vistas à exploração de minas. Foi, porém, o Renascimento que elevou a experimentação ao nível de um princípio da pesquisa como tal. Os precursores foram, incontestavelmente, os grandes inovadores no domínio da *arte*: Leonardo da Vinci e seus companheiros e, particularmente e de maneira característica no domínio da música, os que se dedicaram à experimentação com o cravo, no século XVI. Daí, a experimentação passou para o campo das ciências, devido, sobretudo, a Galileu e alcançou o domínio da teoria, graças a Bacon; foi, a seguir, perfilhada pelas diferentes universidades do continente europeu, de início e principalmente pelas da Itália e da Holanda, estendendo-se à esfera das ciências exatas.

Qual foi para esses homens, na aurora dos tempos modernos, a significação da ciência? Aos olhos dos experimentadores do tipo de Leonardo da Vinci e dos inovadores no campo da música, a experimentação era o caminho capaz de conduzir à arte *verdadeira*, o que equivalia dizer o caminho capaz de conduzir à verdadeira *natureza*. A arte deveria ser elevada ao nível de uma ciência, o que significava, ao mesmo tempo e antes de tudo, que o artista deveria ser elevado, socialmente e por seus próprios méritos, ao nível de um doutor. Essa ambição serve de fundamento ao *Tratado da*

Pintura, de Leonardo da Vinci. E que se diz hoje em dia? "A ciência vista como caminho capaz de conduzir à natureza" — seria frase que haveria de soar aos ouvidos da juventude como uma blasfêmia. Não, é exatamente o oposto que aparece hoje como verdadeiro. Libertando-nos do intelectualismo da ciência é que poderemos apreender nossa própria natureza e, por essa via, a natureza em geral. Quanto a dizer que a ciência é também caminho que conduz à arte — eis opinião que não merece que nela nos detenhamos. Todavia, à época da formação das ciências exatas, esperava-se ainda mais da ciência. Lembremos o aforismo de Swammerdam: "Apresento-lhes aqui, na anatomia de um piolho, a prova da providência divina" e compreenderemos qual foi, naquela época, a tarefa própria do trabalho científico, sob influência (indireta) do protestantismo e do puritanismo: encontrar o caminho que conduz a Deus. Toda a teologia pietista daquele tempo, sobretudo a de Spener, estava ciente de que jamais se chegaria a Deus pela via que tinha sido tomada por todos os pensadores da Idade Média — e abandonou seus métodos filosóficos, suas concepções e deduções. Deus está oculto, seus caminhos não são os nossos, nem seus pensamentos os nossos pensamentos. Esperava-se contudo, descobrir traços de suas intenções por meio do exame da natureza, por intermédio das ciências exatas, que permitiriam apreender fisicamente suas obras. E em nossos dias? Quem continua ainda a acreditar — salvo algumas crianças grandes que encontramos justamente entre os especialistas — que os conhecimentos astronômicos, biológicos, físicos ou químicos poderiam ensinar-nos algo a propósito do sentido do mundo ou poderiam ajudar-nos a encontrar sinais de tal sentido, se é que ele existe? Se existem conhecimentos capazes de extirpar, até às raízes, a crença na existência de seja lá o que for que se pareça a uma "significação" do mundo, esses conhecimentos são exatamente os que se traduzem pela ciência. Como poderia a ciência nos "conduzir a Deus"? Não é ela a potência especificamente não religiosa? Atualmente, homem algum, em seu foro íntimo — independentemente de admiti-lo de forma explícita — coloca em dúvida esse caráter da ciência. O pressuposto fundamental de qualquer vida em comunhão com Deus impele o homem a se emancipar do racionalismo e do intelectualismo da ciência: essa aspiração, ou outra do mesmo gênero, erigiu-se em uma palavra de ordem essencial, que faz vibrar a juventude alemã inclinada à emoção religiosa ou em busca de experiências religiosas. Aliás, a juventude alemã não corre à cata de experiência religiosa, mas de experiência da vida, em geral. Só parece desconcertante, dentro desse gênero de aspirações, o método escolhido, no sentido de que o domínio do irracional, único domínio em que o intelectualismo ainda não havia tocado, tornou-se objeto de uma tomada de consciência e é minuciosamente examinado. A isso conduz, na prática, o moderno romantismo intelectualista do irracional. Contudo, esse método, que se propõe a livrar-nos do intelectualismo, se traduzirá, indubitavelmente, por um resultado exatamente oposto ao que esperam atingir os que se empenham em seguir essa via. Enfim, ainda que um otimismo ingênuo haja podido celebrar a ciência — isto é, a técnica do domínio da vida fundamentada na ciência — como o caminho que levará à *felicidade*, creio ser possível deixar inteiramente de parte esse problema, tendo em vista a crítica devastadora que Nietzsche dirigiu contra "os últimos homens" que "descobriram a felicidade". Quem continua a acreditar nisso —

excetuadas certas crianças grandes que se encontram nas cátedras de faculdades ou nas salas de redação? Voltemos atrás. Qual é, afinal, nesses termos, o sentido da ciência enquanto vocação, se estão destruídas todas as ilusões que nela divisavam o caminho que conduz ao "ser verdadeiro", à "verdadeira arte", à "verdadeira natureza", ao "verdadeiro Deus", à "verdadeira felicidade"? Tolstói dá a essa pergunta a mais simples das respostas, dizendo: ela não tem sentido, pois que não possibilita responder à indagação que realmente nos importa — "Que devemos fazer? Como devemos viver?" De fato, é incontestável que resposta a essas questões não nos é tornada acessível pela ciência. Permanece apenas o problema de saber em que sentido a ciência não nos proporciona resposta alguma e de saber se a ciência poderia ser de alguma utilidade para quem suscite corretamente a indagação.

*

Instalou-se, em nossos dias, o hábito de falar insistentemente numa "ciência sem pressupostos". Existe uma tal ciência? Tudo depende do que se entenda pelas palavras empregadas. Todo trabalho científico pressupõe sempre a validade das regras da lógica e da metodologia, que constituem os fundamentos gerais de nossa orientação no mundo. Quanto à questão que nos preocupa, esses pressupostos são o que há de menos problemático. A ciência pressupõe, ainda, que o resultado a que o trabalho científico leva é *importante* em si, isto é, merece ser conhecido. Ora, é nesse ponto, manifestamente, que se reúnem todos os nossos problemas, pois que esse pressuposto escapa a qualquer demonstração por meios científicos. Não é possível interpretar o sentido último desse pressuposto — impõe-se, simplesmente, aceitá-lo ou recusá-lo, conforme as tomadas de posição pessoais, definitivas, face à vida.

A natureza da relação entre o trabalho científico e os pressupostos que o condicionam varia, ainda uma vez, de acordo com a estrutura das diversas ciências. As ciências da natureza, como a Física, a Química ou a Astronomia pressupõem, com naturalidade, que valha a pena conhecer as leis últimas do devir cósmico, na medida em que a ciência esteja em condições de estabelecê-las. E isso não apenas porque esses conhecimentos nos permitem atingir certos resultados técnicos, mas, sobretudo, porque tais conhecimentos têm um valor "em si", na medida, precisamente, em que traduzem uma "vocação". Pessoa alguma poderá, entretanto, demonstrar esse pressuposto. E menos ainda se poderá provar que o mundo que esses conhecimentos descrevem merece existir, que ele encerra sentido ou que não é absurdo habitá-lo. Aquele gênero de conhecimentos não se propõe esse tipo de indagação. Tomemos, agora, um outro exemplo, o de uma tecnologia altamente desenvolvida do ponto de vista científico, tal como é a Medicina moderna. Expresso de maneira trivial, o "pressuposto" geral da Medicina assim se coloca: o dever do médico está na obrigação de conservar a vida pura e simplesmente e de reduzir, quanto possível, o sofrimento. Tudo isso é, porém, problemático. Graças aos meios de que dispõe, o médico mantém vivo o moribundo, mesmo que este lhe implore que ponha fim a seus dias e ainda que os parentes desejem e devam desejar a morte, conscientemente ou não, porque já não tem mais valor aquela vida, porque os sofrimentos cessariam ou porque os gastos para conservar aquela vida inútil — trata-se, talvez, de um pobre demente — se fazem pesadíssimos. Só os pressupostos da Medicina e do código penal impedem o médico de se apartar da linha que foi traçada. A Medicina, contudo, não se propõe a questão de saber se aquela vida merece ser vivida e em que condições. Todas as ciências da natureza nos dão uma resposta à pergunta: que deveremos fazer, *se* quisermos ser *tecnicamente* senhores da vida. Quanto a indagações como "isso tem, no fundo e afinal de contas, algum sentido?", "devemos e queremos ser tecnicamente senhores da vida?" Essas ciências nos deixam em suspenso ou aceitam pressupostos, em função do fim que perseguem. Recorramos a uma outra disciplina, à ciência da arte. A estética pressupõe a obra de arte e, em consequência, apenas se propõe a pesquisar o que condiciona a gênese da obra de arte. Mas não se pergunta, absolutamente, se o reino da arte não será um reino de esplendor diabólico, reino que é deste mundo e que se levanta contra Deus e se levanta, igualmente, contra a fraternidade humana, em razão de seu espírito fundamentalmente aristocrático. A estética, em consequência, não se pergunta: *deveria* haver obras de arte?

Tomemos, ainda, o exemplo da ciência do Direito. Essa disciplina estabelece o que é válido segundo as regras da doutrina jurídica, ordenada, em parte, por necessidade lógica e, em parte, por esquemas convencionais dados; estabelece, por conseguinte, *em que momento* determinadas regras de Direito e determinados métodos de interpretação são havidos como obrigatórios. Mas a ciência jurídica não dá resposta à pergunta: deveria haver um Direito e *dever-se-iam* consagrar exatamente estas regras? Essa ciência só pode indicar que, se desejamos certo resultado, tal regra de Direito é, segundo as normas da doutrina jurídica, o meio adequado para atingi-lo. Tomemos, por fim, o exemplo das ciências históricas. Elas nos capacitam a compreender os fenômenos políticos, artísticos, literários ou sociais da civilização a partir de suas condições de formação. Mas não dão, por si mesmas, resposta à pergunta: esses fenômenos *mereceriam* ou *merecem* existir? Elas pressupõem, simplesmente, que há interesse em tomar parte, pela prática desses conhecimentos, na comunidade dos "homens civilizados". Não podem, entretanto, provar "cientificamente" que haja vantagem nessa participação; e o fato de pressuporem tal vantagem não prova, de forma alguma, que ela exista. Em verdade, nada do que foi mencionado é, por si próprio, evidente.

Detenhamo-nos, agora, por um instante, nas disciplinas que me são familiares, a saber, a Sociologia, a História, a Economia Política, a Ciência Política e todas as espécies de filosofia da cultura que têm por objeto a interpretação dos diversos tipos de conhecimentos precedentes. Costuma-se dizer, e eu concordo, que a política não tem seu lugar nas salas de aulas das universidades. Não o tem, antes de tudo, no que concerne aos estudantes. Deploro, por exemplo, que, no anfiteatro de meu antigo colega Dietrich Schafer, de Berlim, certo número de estudantes pacifistas se haja reunido em torno de sua cátedra para fazer uma manifestação, e deploro também o comportamento de estudantes antipacifistas que, ao que parece, organizaram manifestação contra o Professor Foerster, do qual, em razão de minhas concepções, me sinto, entretanto, muito afastado e por muitos motivos. Mas a política não tem lugar, também, no que concerne aos docentes. E, antes de tudo, quando eles tratam cientificamente de temas políticos. Mais do que nunca, a política está, então, deslocada. Com efeito, uma coisa é tomar uma posição política prática, e outra coisa é analisar cientificamente as estruturas políticas e as doutrinas de partidos. Quando, numa reunião pública, se fala de democracia, não se faz segredo da posição pessoal adotada e a necessidade de tomar partido de maneira clara se impõe, então, como um dever maldito. As palavras empregadas numa ocasião como essa não são mais instrumentos de análise científica, mas constituem apelo político destinado a solicitar que os outros tomem posição. Não são mais relhas de arado para revolver a planície imensa do pensamento contemplativo, porém gládios para acometer os adversários, ou numa palavra, meios de combate. Seria vil empregar as palavras de tal maneira em uma sala de aula. Quando, em um curso universitário, manifesta-se a intenção de estudar, por exemplo, a "democracia", procede-se ao exame de suas diversas formas, o funcionamento próprio de cada uma delas e indaga-se das consequências que uma e outra acarretam; em seguida, opõe-se à democracia as formas não democráticas da ordem política e tenta-se levar essa análise até a medida em que o próprio ouvinte se ache em condições de encontrar o ponto a partir do qual poderá tomar posição, em função de seus ideais básicos. O verdadeiro professor se impedirá de impor, do alto de sua cátedra, uma tomada de posição qualquer, seja abertamente, seja por sugestão — pois a maneira mais desleal é evidentemente a que consiste em "deixar os fatos falarem".

Por que razões, em essência, devemos abster-nos? Presumo que certo número de meus respeitáveis colegas opinará no sentido de que é, em geral, impossível pôr em prática esses escrúpulos pessoais e que, se possível, seria fora de propósito adotar precauções semelhantes. Ora, não se pode demonstrar a ninguém aquilo em que consiste o dever de um professor universitário. Dele nunca se poderá exigir mais do que probidade intelectual ou, em outras palavras, a obrigação de reconhecer que constituem dois tipos de problema *heterogêneos*, de uma parte, o estabelecimento de fatos, a determinação das realidades matemáticas e lógicas ou a identificação das estruturas intrínsecas dos valores culturais e, de outra parte, a resposta a questões concernentes ao *valor* da cultura e de seus conteúdos particulares ou a questões relativas à maneira como se deveria agir na cidade e em meio a agrupamentos políticos. Se me fosse perguntado, neste momento, por que esta última série de questões deve ser excluída de uma sala de aula, eu responderia que o profeta e o demagogo estão deslocados em uma cátedra universitária. Tanto ao profeta como ao demagogo cabe dizer: "Vá à rua e fale em público", o que vale dizer que ele fale em lugar onde possa ser criticado. Numa sala de aula, enfrenta-se o auditório de maneira inteiramente diversa: o professor tem a palavra, mas os estudantes estão condenados ao silêncio. As circunstâncias pedem que os alunos sejam obrigados a seguir os cursos de um professor, tendo em vista a futura carreira e que nenhum dos presentes em uma sala de aula possa criticar o mestre. A um professor é imperdoável valer-se de tal situação para buscar incutir, em seus discípulos, as suas próprias concepções políticas, em vez de lhes ser útil, como é de seu dever, por meio da transmissão de conhecimentos e de experiência científica. Pode, por certo, ocorrer que este ou aquele professor só imperfeitamente consiga fazer calar sua preferência. Em tal caso, estará sujeito à mais severa das críticas no foro de sua própria consciência. Uma falha dessas não prova, entretanto, absolutamente nada, pois que existem outros tipos de falha como, por exemplo, os erros materiais, que também nada provam contra a obrigação de buscar a verdade. Além disso, é exatamente em nome do interesse da ciência que eu condeno essa forma de proceder. Recorrendo às obras de nossos historiadores, tenho condição de lhes fornecer prova de que, sempre que um homem de ciência permite que se manifestem seus próprios juízos de valor, ele perde a compreensão integral dos fatos. Tal demonstração se estenderia, contudo, para além dos limites do tema que nos ocupa esta noite e exigiria digressões demasiado longas.

Gostaria, apenas, de colocar esta simples pergunta: como é possível, numa exposição que tem por objeto o estudo das diversas formas dos Estados e das Igrejas ou a história das religiões levar um crente católico e um franco-maçom a submeterem esses fenômenos aos mesmos critérios de *avaliação*? Isso é algo de que não se cogita. E, entretanto, o professor deve ter a ambição e mesmo erigir em dever o tornar-se útil tanto a um quanto a outro, em razão de seus conhecimentos e de seu método. Pode ser-me objetado, a justo título, que o crente católico jamais aceitará a maneira de compreender a história das origens do cristianismo tal como a expõe um professor que não admite os mesmos pressupostos dogmáticos. Isso é verdade! A razão das discordâncias brota do fato de que a ciência "sem pressupostos", recusando submissão a uma autoridade religiosa, não conhece nem "milagre" nem "revelação". Se o fizesse, seria infiel a seus próprios pressupostos. O crente, entretanto, conhece as duas posições. A ciência "sem pressupostos" dele exige nada menos — mas, igualmente, nada mais — que a cautela de simplesmente reconhecer que, se o fluxo das coisas deve ser explicado sem intervenção de qualquer dos elementos sobrenaturais a que a explicação empírica recusa caráter causal, aquele fluxo só pode ser explicado pelo método que a ciência se esforça por aplicar. E isso o crente pode admitir sem nenhuma infidelidade a sua fé.

Uma nova questão, contudo, se levanta: tem algum sentido o trabalho realizado pela ciência aos olhos de quem permanece indiferente aos fatos, como tais, e só dá importância a uma tomada de posição prática? Creio que, mesmo em tal caso, a ciência não está despida de significação. Primeiro ponto a assinalar: a tarefa primordial de um professor capaz é a de levar seus discípulos a reconhecerem que há fatos que produzem desconforto, assim entendidos os que são desagradáveis à opinião pessoal de um indivíduo; com efeito, existem fatos extremamente desagradáveis para cada opinião, inclusive a minha. Entendo que um professor que obriga seus alunos a se habituarem a esse gênero de coisas realiza uma obra mais que puramente intelectual e não hesito em qualificá-la de "moral", embora esse adjetivo possa parecer demasiado patético para designar uma evidência tão banal.

Não mencionei, até agora, senão as razões práticas que justificam recusa a impor convicções pessoais. Há razões de outra ordem. A impossibilidade de alguém se fazer campeão de convicções práticas "em nome da ciência" — exceto o caso único que se refere à discussão dos meios necessários para atingir um fim previamente estabelecido — prende-se a razões muito mais profundas. Tal atitude é, em princípio, absurda, porque as diversas ordens de valores se defrontam no mundo, em luta incessante. Sem pretender traçar o elogio da filosofia do velho Mill, impõe-se, não obstante, reconhecer que ele tem razão, ao dizer que, quando se parte da experiência pura, chega-se ao politeísmo. A fórmula reveste-se de aspecto superficial e mesmo paradoxal, mas, apesar disso, encerra uma parcela de verdade. Se há uma coisa que atualmente não mais ignoramos é que uma coisa pode ser santa não apenas sem ser bela, mas *porque e na medida em que* não é bela — e a isso há referências no capítulo LIII do Livro de Isaías e no salmo 21. Semelhantemente, uma coisa pode ser bela não apenas sem ser boa, mas precisamente por aquilo que não a faz boa. Nietzsche relembrou esse ponto, mas Baudelaire já o havia dito por meio das *Fleurs du Mal*, título que escolheu para sua obra poética. A sabedoria popular nos ensina, enfim, que uma coisa pode ser verdadeira, conquanto não seja bela nem santa nem boa. Esses, porém, não passam dos casos mais elementares da luta que opõe os deuses das diferentes ordens e dos diferentes valores. Ignoro como se poderia encontrar base para decidir "cientificamente" o problema do valor da cultura francesa face à cultura alemã; aí, também, diferentes deuses se combatem e, sem dúvida, por todo o sempre. Tudo se passa, portanto, exatamente como se passava no mundo antigo, que se encontrava sob o encanto dos deuses e demônios, mas assume sentido diverso. Os gregos ofereciam sacrifícios a Afrodite, depois a Apolo e, sobretudo, a cada qual dos deuses da cidade; nós continuamos a proceder de maneira semelhante, embora nosso comportamento haja rompido o encanto e se haja despojado do mito que ainda vive em nós. É o destino que governa os deuses e não uma ciência, seja esta qual for. O máximo que podemos compreender é o que o *divino* significa para determinada sociedade, ou o que esta ou aquela sociedade considera como divino. Eis aí o limite que um professor não pode ultrapassar enquanto ministra uma aula, o que não quer dizer que se tenha assim resolvido o imenso problema vital que se esconde por detrás dessas questões. Entram, então, em jogo poderes outros que não os de uma cátedra universitária. Que homem teria a pretensão de refutar "cientificamente" a ética do *Sermão da Montanha*, ou, por exemplo, a máxima "não oponha resistência ao mal" ou a parábola do oferecer a outra face? É, entretanto, claro que, do ponto de vista estritamente humano, esses preceitos evangélicos fazem a apologia de uma ética que se levanta contra a dignidade. A cada um cabe decidir entre a dignidade religiosa conferida por essa ética e a dignidade de um ser viril, que prega algo muito diferente, como, por exemplo, "resiste ao mal ou serás responsável pela vitória que ele alcance". Nos termos das convicções mais profundas de cada pessoa, uma dessas éticas assumirá as feições do diabo, a outra as feições divinas e cada indivíduo terá de decidir, de *seu próprio ponto de vista*, o que, para ele, é deus e o que é o diabo. O mesmo acontece em todos os planos da vida. O racionalismo grandioso, subjacente à orientação ética de nossa vida e que brota de todas as profecias religiosas, destronou o politeísmo, em benefício do "Único de que temos necessidade"; mas, desde que se viu diante da realidade da vida interior e exterior, foi compelido a consentir em compromissos e acomodações de que nos deu notícia a história do cristianismo. A religião tornou-se, em nossos tempos, "rotina cotidiana". Os deuses antigos abandonam suas tumbas e, sob a forma de poderes impessoais, porque desencantados, esforçam-se por ganhar poder sobre nossas vidas, reiniciando suas lutas eternas. Daí os tormentos do homem moderno, tormentos que atingem de maneira particularmente penosa a nova geração: como se mostrar à altura do cotidiano? Todas as buscas de "experiência vivida" têm sua fonte nessa fraqueza, que é fraqueza não ser capaz de encarar de frente o severo destino do tempo que se vive.

    Tal é o fado de nossa civilização: impõe-se que, de novo, tomemos claramente consciência desses choques que a orientação de nossa vida em função exclusiva do *pathos* grandioso da ética do cristianismo conseguiu mascarar por mil anos. Basta, porém, dessas questões que ameaçam levar-nos demasiado longe. O erro que uma parte de nossa juventude comete, quando, ao que observamos, replica: "Seja! Mas se frequentamos os cursos que vocês ministram é para ouvir coisa diferente das análises e determinações de fatos", esse erro consiste em procurar no professor coisa diversa de um mestre diante de seus discípulos: a juventude espera um *líder* e não um *professor*. Ora, só como professor é que se ocupa uma cátedra. É preciso que não se faça confusão entre duas coisas tão diversas e, facilmente podemos convencer--nos da necessidade dessa distinção. Permitam-me que os conduza mais uma vez aos Estados Unidos da América, pois que lá se pode observar certo número de realidades em sua feição original e mais contundente. O jovem norte-americano aprende muito menos coisas que o jovem alemão. Entretanto, e apesar do número incrível de exames a que é sujeitado, não se tornou ainda, em razão do espírito que domina a universidade norte-americana, a besta de exames em que está transformado o estudante alemão. Com efeito, a burocracia, que faz do diploma um requisito prévio, uma espécie de bilhete de ingresso no reino da prebenda dos empregos, está apenas em seu período inicial no além-Atlântico. O jovem norte-americano nada respeita, nem a pessoa, nem a tradição, nem a situação profissional, mas inclina-se diante da grandeza pessoal de qualquer indivíduo. A *isso*, ele chama "democracia". Por mais caricatural que possa parecer a realidade americana quando a colocamos diante da significação verdadeira da palavra democracia, aquele é o sentido que lhe atribuem e, de momento, só isso importa. O jovem norte-americano faz de seu professor uma ideia simples: é quem lhe vende conhecimentos e métodos em troca de dinheiro pago pelo pai, exatamente como o merceeiro vende repolhos à mãe. Nada além disso. Se o professor for, por exemplo, campeão de futebol, ninguém hesitará em conferir-lhe posição de líder em tal setor. Mas, se não é um campeão de futebol (ou coisa similar em outro esporte), não passa de um professor e nada mais. Jamais ocorreria a um jovem norte-americano que seu professor pudesse vender-lhe "concepções do mundo" ou regras válidas para a conduta na vida. Claro está que nós, alemães, rejeitamos uma concepção formulada em tais termos. Cabe, contudo, perguntar se nessa maneira de ver, que exagerei até certo ponto, não se contém uma parcela de acerto.

Meus caros alunos! Vocês acorrem a nossos cursos exigindo de nós, que somos professores, qualidades de líder, sem jamais levar em consideração que, de cem professores, noventa e nove não têm e não devem ter a pretensão de ser campeões do futebol da vida, nem "orientadores" no que diz respeito às questões que concernem à conduta na vida. É preciso não esquecer que o valor de um ser humano não se põe, necessariamente, na dependência das condições de líder que ele possa possuir. De qualquer maneira, o que faz, o que transforma um homem em sábio eminente ou professor universitário não é, por certo, o que poderia transformá-lo num líder no domínio da conduta prática da vida e, especialmente, no domínio prático. O fato de um homem possuir esta última qualidade é algo que brota do puro acaso. Seria inquietante o fato de todo professor titular de uma cátedra universitária abrigar o sentimento de estar colocado diante da impudente exigência de provar que é um líder. E mais inquietante ainda seria o fato de permitir-se que todo professor de universidade julgasse ter a possibilidade de desempenhar esse papel na sala de aula. Com efeito, os indivíduos que a si mesmos se julgam líderes são, frequentemente, os menos qualificados para tal função: de qualquer forma, a sala de aula não será jamais o local em que o professor possa fazer prova de tal aptidão. O professor que sente a vocação de conselheiro da juventude e que frui da confiança dos moços deve desempenhar esse papel no contato pessoal de homem para homem. Se ele se julga chamado a participar das lutas entre concepções de mundo e entre opiniões de partidos, deve fazê-lo fora da sala de aula, deve fazê-lo em lugar público, ou seja, por meio da imprensa, em reuniões, em associações, onde queira. É, com efeito, demasiado cômodo exibir coragem num local em que os assistentes e, talvez, os oponentes, estão condenados ao silêncio.

*

Após tais considerações, os senhores poderão dizer: se assim é, qual é, em essência, a contribuição positiva da ciência para a vida prática e pessoal? Essa pergunta levanta, de novo, o problema do papel da ciência.

Em primeiro lugar, a ciência coloca naturalmente à nossa disposição certo número de conhecimentos que nos permitem dominar tecnicamente a vida por meio da previsão, tanto no que se refere à esfera das coisas exteriores como ao campo da atividade dos homens. Os senhores replicarão: afinal de contas, isso não passa do comércio de legumes do jovem norte-americano. De acordo.

Em segundo lugar, a ciência nos fornece algo que o comércio de legumes não nos pode, por certo, proporcionar: métodos de pensamento, isto é, os instrumentos e uma disciplina. Os senhores retrucarão, talvez, que não se trata, agora, de legumes, porém de meios por intermédio dos quais obter legumes. Assim seja. Admitamo-lo por enquanto. Felizmente, não chegamos ainda ao fim da jornada. Temos a possibilidade de apontar para uma terceira vantagem: a ciência contribui para *clareza*. Com a condição de que nós, os cientistas, de antemão a possuamos. Se assim for, poderemos dizer-lhes claramente que, diante de tal problema de valor, é possível adotar, na prática, esta ou aquela posição — e, para simplificar, peço que recorramos a exemplos comuns tomados de situações sociais a que temos de fazer face. Quando se adota esta ou aquela posição, será preciso, de acordo com o procedimento científico, aplicar tais ou quais meios para conduzir o projeto a bom termo. Poderá ocorrer que, em certo momento, os métodos apresentem um caráter que nos obrigue a recusá-los. Nesse caso, será preciso escolher entre o fim e os meios inevitáveis que esse fim exige. O fim justifica ou não justifica os meios? O professor só pode mostrar a necessidade da escolha, mas não pode ir além, caso se limite a seu papel de professor e não queira transformar-se em demagogo. Além disso, ele poderá demonstrar que, quando se deseja tal ou qual fim, torna-se necessário consentir em tais ou quais consequências subsidiárias que também se manifestarão, segundo mostram as lições da experiência. Na hipótese, podem apresentar-se as mesmas dificuldades que surgem a propósito da escolha de meios. A este nível, só defrontamos, entretanto, problemas que podem igualmente apresentar-se a qualquer técnico; este se vê compelido, em numerosas circunstâncias, a decidir apelando para o princípio do mal menor ou para o princípio do que é relativamente melhor. Com uma diferença, entretanto: geralmente, o técnico dispõe, de antemão, de um dado e de um dado que é capital, o *objetivo*. Ora, quando se trata de problemas fundamentais, o objetivo não nos é dado. Com base nessa observação, podemos referir, agora, a última contribuição que a ciência dá ao serviço da clareza, contribuição além da qual não há outras. Os cientistas podem — e devem — mostrar que tal ou qual posição adotada deriva, logicamente e com toda certeza, quanto ao *significado* de tal ou qual visão última e básica do mundo. Uma tomada de posição pode derivar de uma visão única do mundo ou de várias, diferentes entre si. Dessa forma, o cientista pode esclarecer que determinada posição deriva de uma e não de outra concepção. Retomemos a metáfora de que há pouco nos valemos. A ciência mostrará que, adotando tal posição, certa pessoa estará a *serviço de tal Deus e ofendendo tal outro* e que, se se desejar manter fiel a si mesma, chegará, certamente, a determinadas consequências íntimas, últimas e significativas. Eis o que a ciência pode proporcionar, ao menos em princípio. Essa mesma obra é o que procuram realizar a disciplina especial que se intitula Filosofia e as metodologias próprias das outras disciplinas. Se estivermos, portanto, enquanto cientistas, à altura da tarefa que nos incumbe (o que, evidentemente, é preciso aqui pressupor) poderemos compelir uma pessoa a *dar-se conta do sentido último de seus próprios atos* ou, quando menos, ajudá-la em tal sentido. Parece-me que esse resultado não é desprezível, mesmo no que diz respeito à vida pessoal. Se um professor alcança esse resultado, inclino-me a dizer que ele se põe a serviço de potências "morais", ou seja, a serviço do dever de levar a brotarem, nas almas alheias, a clareza e o sentido de responsabilidade. Creio que lhe será tanto mais fácil realizar essa obra quanto mais ele evite, escrupulosamente, impor ou sugerir à audiência uma convicção.

As opiniões que, neste momento, lhes exponho têm por base, em verdade, a condição fundamental seguinte: a vida, enquanto encerra em si mesma um sentido e enquanto se compreende por si mesma, só conhece o combate eterno que os deuses travam entre si ou — evitando a metáfora — só conhece a incompatibilidade das atitudes últimas possíveis, a impossibilidade de dirimir seus conflitos e, consequentemente, a necessidade de se decidir em prol de um ou de outro. Quanto a saber se, em condições tais, vale a pena que alguém faça da ciência a sua "vocação" ou a indagar se a ciência constitui, por si mesma, uma vocação objetivamente valiosa, impõe-se reconhecer que esse tipo de indagação implica, por sua vez, um juízo de valor, a propósito do qual não cabe manifestação em uma sala de aula. A resposta afirmativa a essas perguntas constitui, com efeito e precisamente, o pressuposto do ensino. Pessoalmente, eu as respondo de maneira afirmativa, tal como atestado por meus trabalhos. Tudo isto se aplica igualmente e, mesmo, especialmente ao ponto de vista fundamentalmente hostil ao intelectualismo onde vejo, tal como a juventude moderna vê ou na maior parte das vezes imagina ver, o mais perigoso de todos os demônios. É talvez este o momento de relembrar a essa juventude a sentença: "Não esqueça que o diabo é velho e, assim, espere tornar-se velho para poder compreendê-lo". O que não quer dizer que se faça necessário provar-lhe a idade apresentando uma certidão de nascimento. O sentido daquelas palavras é diverso: se você deseja se defrontar com essa espécie de diabo, não caberá optar pela fuga, tal como acontece muito frequentemente em nossos dias, mas será necessário examinar a fundo os caminhos que trilha, para conhecer-lhe o poder e as limitações.

A ciência é, atualmente, uma "vocação" alicerçada na *especialização* e posta ao serviço de uma tomada de consciência de nós mesmos e do conhecimento das relações objetivas. A ciência não é produto de revelações, nem é graça que um profeta ou um visionário houvesse recebido para assegurar a salvação das almas; não é também porção integrante da meditação de sábios e filósofos que se dedicam a refletir sobre o *sentido* do mundo. Tal é o dado inelutável de nossa situação histórica, a que não poderemos escapar se desejarmos permanecer fiéis a nós mesmos. E agora, se à maneira de Tolstói novamente se colocar a indagação: "Falhando a ciência, onde poderemos obter uma resposta para a pergunta — que devemos fazer e como devemos organizar nossa vida?" ou, colocando o problema em termos empregados esta noite: "Que deus devemos servir dentre os muitos que se combatem? Devemos, talvez, servir um outro deus, mas qual?", — a essa indagação eu responderei: procurem um profeta ou um salvador. E se esse salvador não mais existe ou se não é mais ouvida sua mensagem, estejam certos de que não conseguirão fazê-lo descer à Terra apenas porque milhares de professores, transformados em pequenos profetas privilegiados e pagos pelo Estado, procuram desempenhar esse papel em uma sala de aula. Por esse caminho só se conseguirá uma coisa e é impedir a geração jovem de se dar conta de um fato decisivo: o profeta, que tantos integrantes da nova geração chamam a plena voz, não mais existe. Além disso, só se conseguirá impedir que essa geração apreenda o significado amplo de tal ausência. Estou certo de que não se presta nenhum serviço a uma pessoa que "vibra" com a religião quando dela se esconde, como, aliás, dos mais homens, que seu destino é o de viver numa época indiferente a Deus e aos profetas; ou quando, aos olhos de tal pessoa, se dissimula aquela situação fundamental, por meio dos sucedâneos que são as profecias feitas do alto de uma cátedra universitária. Parece-me que o crente, na pureza de sua fé, deveria insurgir-se contra semelhante engodo.

Talvez, entretanto, lhes ocorra, agora, nova pergunta: qual a posição a adotar diante de uma teologia que pretende o título de "ciência"? Não vamos nos esquivar e contornar a questão. Por certo que não se encontram, em toda parte, "teologia" e "dogmas", o que, entretanto, não equivale a dizer que eles só se encontrem no cristianismo. Contemplando o curso da História, encontramos teologias amplamente desenvolvidas no islamismo, no maniqueísmo, na gnose, no orfismo, no parcismo, no taoísmo, no budismo, nas seitas hindus nos Upanishades e, naturalmente, também no judaísmo. Tais teologias tiveram, em cada caso, desenvolvimento sistemático muito diferente. Não é, porém, produto do acaso o fato de o cristianismo ocidental ter não somente elaborado ou procurado elaborar de maneira mais sistemática sua teologia — contrariamente ao que se passou com os elementos de teologia que se encontram no judaísmo —, como também procurado emprestar-lhe desenvolvimento cuja significação histórica é, indiscutivelmente, a de maior relevância. Isso se explica por influência do espírito helênico, pois toda teologia ocidental dimana desse espírito, como toda teologia oriental procede, manifestamente, do pensamento hindu. A teologia é uma *racionalização* intelectual da inspiração religiosa. Já dissemos que não existe ciência inteiramente isenta de pressupostos e dissemos também que ciência alguma tem condição de provar seu valor a quem lhe rejeite os pressupostos. A teologia, entretanto, acrescenta outros pressupostos que lhe são próprios, especialmente no que diz respeito a seu trabalho e à justificação de sua existência. Naturalmente que isso ocorre em sentido e medida muito variáveis. Não há dúvida de que toda teologia, mesmo a teologia hindu, aceita o pressuposto de que o mundo deve ter um *sentido*, mas o problema que se coloca é o de saber como interpretar tal sentido, para poder pensá-lo. Trata-se de ponto idêntico ao enfrentado pela teoria do conhecimento elaborada por Kant, que, partindo do pressuposto "a verdade científica existe e é *válida*", indaga, em seguida, dos pressupostos que a tornam possível. A questão nos lembra, ainda, o ponto de vista dos estetas modernos que partem (explicitamente, como faz, por exemplo, G. V. Lukács, ou de forma efetiva) do pressuposto de que "existem obras de arte" e indagam, em seguida, como isso é possível. Certo é que, em geral, as teologias não se contentam com esse pressuposto último, que brota, essencialmente, da filosofia da religião. Partem elas, normalmente, de pressupostos suplementares: partem, de um lado, do pressuposto de que se impõe crer em certas "revelações" que são importantes para a salvação da alma — isto é, fatos que são os únicos a tornar possível que se impregne de sentido certa forma de conduta na vida; e, de outro lado, partem do pressuposto de que existem certos estados e atividades que possuem o caráter do santo — isto é, que dão lugar a uma conduta compreensível do ponto de vista da religião ou, pelo menos, de seus elementos essenciais. Contudo, também a teologia se vê diante da questão: como compreender, em função de nossa representação total do mundo, esses pressupostos que não podemos senão aceitar? Responde a teologia que tais pressupostos pertencem a uma esfera que se situa para além dos limites da "ciência". Não correspondem, por conseguinte, a um "saber", no sentido comum da palavra, mas a um "ter", no sentido de que nenhuma teologia pode fazer as vezes da fé e de outros elementos de santidade em quem não os "possui". Com mais forte razão, não o poderá também nenhuma outra ciência. Em toda teologia "positiva", o crente chega, necessariamente, num momento dado, a um ponto em que só lhe será possível recorrer à máxima de Santo Agostinho: *Credo non quod, sed quia absurdum est*. O poder de realizar essa proeza, que é o "sacrifício do intelecto" constitui o traço decisivo e característico do crente praticante. Se assim é, vê-se que, apesar da teologia (ou antes por causa dela) existe uma tensão invencível (que precisamente a teologia revela) entre o domínio da crença na "ciência" e o domínio da salvação religiosa.

Só o discípulo faz legitimamente o "sacrifício do intelecto" em favor do profeta, como só o crente o faz em favor da Igreja. Nunca, porém, se viu nascer uma nova profecia (repito deliberadamente essa metáfora que terá talvez chocado alguns) em razão de certos intelectuais modernos experimentarem a necessidade de mobiliar a alma com objetos antigos e portadores, por assim dizer, de garantia de autenticidade, aos quais acrescentam a religião, que aliás não praticam, simplesmente pelo fato de recordarem que ela faz parte daquelas antiguidades. Dessa maneira, substituem a religião por um sucedâneo com que enfeitam a alma como se enfeita uma capela privada, ornamentando-a com ídolos trazidos de todas as partes do mundo. Ou criam sucedâneos de todas as possíveis formas de experiência, aos quais atribuem a dignidade de santidade mística, para traficá-los no mercado de livros. Ora, tudo isso não passa de uma forma de charlatanismo, de maneira de se iludir a si mesmo. Há, contudo, um outro fenômeno que nada tem de charlatanismo e que consiste, ao contrário, em algo muito sério e muito sincero, embora às vezes interpretado, talvez falsamente, em sua significação. Pretendo referir-me a esses movimentos da juventude que vêm desenvolvendo-se nos últimos anos e que têm o objetivo de dar às relações humanas, de caráter pessoal, que se estabelecem no interior de uma comunidade, o sentido de uma relação religiosa, cósmica ou mística. Se é certo que todo ato de verdadeira fraternidade pode acompanhar a consciência de juntar algo de imperecível ao mundo das relações suprapessoais, parece-me, ao contrário, duvidoso que a dignidade das relações comunitárias possa ser realçada por essas interpretações religiosas. Estas considerações, contudo, nos afastam do assunto.

O destino de nosso tempo, que se caracteriza pela racionalização, pela intelectualização e, sobretudo, pelo "desencantamento do mundo" levou os homens a banirem da vida pública os valores supremos e mais sublimes. Tais valores encontraram refúgio na transcendência da vida mística ou na fraternidade das relações diretas e recíprocas entre indivíduos isolados. Nada há de fortuito no fato de que a arte mais eminente de nosso tempo é íntima e não monumental, nem no fato de que, hoje em dia, só nos pequenos círculos comunitários, no contato de homem a homem, em *pianíssimo*, se encontra algo que poderia corresponder ao *pneuma* profético que abrasava comunidades antigas e as mantinha solidárias. Enquanto buscamos, a qualquer preço, "inventar" um novo estilo de arte monumental, somos levados a esses lamentáveis horrores que são os monumentos dos últimos vinte anos. E enquanto tentarmos fabricar intelectualmente novas religiões, chegaremos, em nosso íntimo, na ausência de qualquer nova e autêntica profecia, a algo semelhante e que terá, para nossa alma, efeitos ainda mais desastrosos. As profecias que caem das cátedras universitárias não têm outro resultado senão o de dar lugar a seitas de fanáticos e jamais produzem comunidades verdadeiras. A quem não é capaz de suportar virilmente esse destino de nossa época, só cabe dar o conselho seguinte: volta em silêncio, sem dar a teu gesto a publicidade habitual dos renegados, com simplicidade e recolhimento, aos braços abertos e cheios de misericórdia das velhas Igrejas. Elas não tornarão penoso o retorno. De uma ou de outra maneira, quem retorna será inevitavelmente compelido a fazer o "sacrifício do intelecto". E não serei eu quem o condene, se ele tiver, verdadeiramente, força para fazê-lo. Realmente, aquele sacrifício, feito para dar-se incondicionalmente a uma religião, é moralmente superior à arte de fugir a um claro dever de probidade intelectual, que se põe quando não existe a coragem de enfrentar claramente as escolhas últimas, e se manifesta, em seu lugar, inclinação por consentir em um relativismo precário. A meu ver, esse dom de si é mais louvável que todas essas profecias de universitários incapazes de perceber claramente que, numa sala de aula, nenhuma virtude excede, em valor, a da probidade intelectual. Essa integridade nos compele a dizer que todos — e são numerosos — aqueles que, em nossos dias, vivem à espera de novos profetas e de novos salvadores se encontram na situação que se descreve na bela canção de exílio do guarda edomita, canção que foi incluída entre os oráculos de Isaías:

"*Perguntam-me de Seir:*
'Vigia, que é da noite?
Vigia, que é da noite?'"

O vigia responde:

"*Vem a manhã e depois a noite.
Se quereis, interrogai,
Convertei-vos, voltai!*"

O povo a que essas palavras foram ditas não cessou de fazer a pergunta, de viver à espera há dois mil anos, e nós lhe conhecemos o destino perturbador. Aprendamos a lição! Nada se fez até agora com base apenas no fervor e na espera.

É preciso agir de outro modo, entregar-se ao trabalho e responder às exigências de cada dia — tanto no campo da vida comum, como no campo da vocação. Esse trabalho será simples e fácil, se cada qual encontrar e obedecer ao demônio que tece as teias de *sua* vida.

A política como vocação

ESTA CONFERÊNCIA, que os senhores me pediram para fazer, decepcionará necessariamente e por múltiplas razões. Numa palestra que tem por título a vocação política, os senhores hão de esperar, instintivamente, que eu tome posição quanto a problemas da atualidade. Ora, a tais problemas eu só me referirei ao fim de minha exposição e de maneira puramente formal, quando vier a abordar certas questões que dizem respeito à significação da atividade política no conjunto da conduta humana. Excluamos, portanto, de nosso objetivo, quaisquer indagações como: que política devemos adotar? ou que conteúdos devemos emprestar a nossa atividade política? Com efeito, indagações dessa ordem nada têm a ver com o problema geral que me proponho examinar nesta oportunidade, ou seja: que é a vocação política e qual o sentido que pode ela revestir? Passemos ao assunto.

Que entendemos por política? O conceito é extraordinariamente amplo e abrange todas as espécies de atividade diretiva autônoma. Fala-se da política de divisas de um banco, da política de descontos do *Reichsbank*, da política adotada por um sindicato durante uma greve; e é também cabível falar da política escolar de uma comunidade urbana ou rural, da política da diretoria que está à frente de uma associação e até da política de uma esposa hábil, que procura governar seu marido. Não darei, evidentemente, significação tão larga ao conceito que servirá de base às reflexões a que nos entregaremos esta noite. Entenderemos por política apenas a direção do agrupamento político hoje denominado "Estado" ou a influência que se exerce em tal sentido.

Mas, que é um agrupamento "político", do ponto de vista de um sociólogo? O que é um Estado? Sociologicamente, o Estado não se deixa definir por seus fins. Em verdade, quase que não existe uma tarefa de que um agrupamento político qualquer não se haja ocupado alguma vez; de outro lado, não é possível referir tarefas das quais se possa dizer que tenham sempre sido atribuídas, com *exclusividade*, aos agrupamentos políticos hoje chamados Estados ou que se constituíram, historicamente, nos precursores do Estado moderno. Sociologicamente, o Estado não se deixa definir a não ser pelo específico *meio* que lhe é peculiar, tal como é peculiar a todo outro agrupamento político, ou seja, o uso da coação física.

"Todo Estado se funda na força", disse um dia Trotsky a Brest-Litovsk. E isso é verdade. Se só existissem estruturas sociais de que a violência estivesse ausente, o conceito de Estado teria também desaparecido e apenas subsistiria o que, no sentido próprio da palavra, se denomina "anarquia". A violência não é, evidentemente, o único instrumento de que se vale o Estado — não haja a respeito qualquer dúvida —, mas é seu instrumento específico. Em nossos dias, a relação entre o Estado e a violência é particularmente íntima. Em todos os tempos, os agrupamentos políticos mais diversos — a começar pela família — recorreram à violência física, tendo-a como instrumento normal do poder. Em nossa época, entretanto, devemos conceber o Estado contemporâneo como uma comunidade humana que, dentro dos limites de determinado território — a noção de território corresponde a um dos elementos essenciais do Estado — reivindica o *monopólio do uso legítimo da violência física*. É, com efeito, próprio de nossa época o não reconhecer, em relação a qualquer outro grupo ou aos indivíduos, o direito de fazer uso da violência, a não ser nos casos em que o Estado o tolere: o Estado se transforma, portanto, na única fonte do "direito" à violência. Por política entenderemos, consequentemente, o conjunto de esforços feitos com vistas a participar do poder ou a influenciar a divisão do poder, seja entre Estados, seja no interior de um único Estado.

Em termos gerais, essa definição corresponde ao uso corrente do vocábulo. Quando de uma questão se diz que é "política", quando se diz de um ministro ou funcionário que são "políticos", quando se diz de uma decisão que foi determinada pela "política", é preciso entender, no primeiro caso, que os interesses de divisão, conservação ou transferência do poder são fatores essenciais para que se possa esclarecer aquela questão; no segundo caso, impõe-se entender que aqueles mesmos fatores condicionam a esfera de atividade do funcionário em causa, assim como, no último caso, determinam a decisão. Todo homem, que se entrega à política, aspira ao poder — seja porque o considere como instrumento a serviço da consecução de outros fins, ideais ou egoístas, seja porque deseje o poder "pelo poder", para gozar do sentimento de prestígio que ele confere.

Tal como todos os agrupamentos políticos que historicamente o precederam, o Estado consiste em uma relação de *dominação* do homem sobre o homem, fundada no instrumento da violência legítima (isto é, da violência considerada como legítima). O Estado só pode existir, portanto, sob condição de que os homens dominados se submetam à autoridade continuamente reivindicada pelos dominadores. Colocam-se, em consequência, as indagações seguintes: em que condições se submetem eles e por quê? Em que justificações internas e em que meios externos se apoia essa dominação? Existem em princípio — e começaremos por aqui — três razões internas que justificam a dominação, existindo, consequentemente, três fundamentos da *legitimidade*. Antes de tudo, a autoridade do "passado eterno", isto é, dos costumes santificados pela validez imemorial e pelo hábito, enraizado nos homens, de respeitá-los. Tal é o "poder tradicional", que o patriarca ou o senhor de terras, outrora, exercia. Existe, em segundo lugar, a autoridade que se funda em dons pessoais e extraordinários de um indivíduo (carisma) — devoção e confiança estritamente pessoais depositadas em alguém que se singulariza por qualidades prodigiosas, por heroísmo ou por outras qualidades exemplares que dele fazem o chefe. Tal é o poder "carismático", exercido pelo profeta ou — no domínio político — pelo dirigente guerreiro eleito, pelo soberano escolhido por meio de plebiscito, pelo grande demagogo ou pelo dirigente de um partido político. Existe, por fim, a autoridade que se impõe em razão da "legalidade", em razão da crença na validez de um estatuto legal e de uma "competência" positiva, fundada em regras racionalmente estabelecidas ou, em outros termos, a autoridade fundada na obediência, que reconhece obrigações conformes ao estatuto estabelecido. Tal é o poder, como o exerce o "servidor do Estado" em nossos dias e como o exercem todos os detentores do poder que dele se aproximam sob esse aspecto.

É dispensável dizer que, na realidade concreta, a obediência dos súditos é condicionada por motivos extremamente poderosos, ditados pelo medo ou pela esperança — seja pelo medo de uma vingança das potências mágicas ou dos detentores do poder, seja a esperança de uma recompensa nesta terra ou em outro mundo. A obediência pode, igualmente, ser condicionada por outros interesses e muito variados. A tal assunto voltaremos dentro em pouco. Seja como for, cada vez que se propõe interrogação acerca dos fundamentos que "legitimam" a obediência, encontram-se, sempre e sem qualquer contestação, essas três formas "puras" que acabamos de indicar.

Essas representações, bem como sua justificação interna, revestem-se de grande importância para compreender a estrutura da dominação. Certo é que, na realidade, só muito raramente se encontram esses tipos puros. Hoje, contudo, não nos será possível expor, em pormenor, as variedades, transições e combinações extremamente complexas que esses tipos assumem; estudo dessa ordem entra no quadro de uma "teoria geral do Estado".

No momento, voltaremos a atenção, particularmente, para o segundo tipo de legitimidade, ou seja, o poder brotado da submissão ao "carisma" puramente pessoal do "chefe". Esse tipo nos conduz, com efeito, à fonte de vocação, onde encontramos seus traços mais característicos. Se algumas pessoas se abandonam ao carisma do profeta, do chefe de tempo de guerra, do grande demagogo que opera no seio da *ecclesia* ou do Parlamento, quer isso dizer que estes passam por estar interiormente "chamados" para o papel de condutores de homens e que a ele se dá obediência não por costume ou devido a uma lei, mas porque neles se deposita fé. E, se esses homens forem mais que presunçosos aproveitadores do momento, viverão para seu trabalho e procurarão realizar uma obra. A devoção de seus discípulos, dos seguidores, dos militantes orienta-se exclusivamente para a pessoa e para as qualidades do chefe. A História mostra que chefes carismáticos surgem em todos os domínios e em todas as épocas. Revestiram, entretanto, o aspecto de duas figuras essenciais: de uma parte, a do mágico e do profeta e, de outra parte, a do chefe escolhido para dirigir a guerra, do chefe de grupo, do *condottiere*. Próprio do Ocidente é entretanto — e isso nos interessa mais especialmente — a figura do livre "demagogo". Esse só triunfou no Ocidente, em meio às cidades independentes e, em especial, nas regiões de civilização mediterrânea. Em nossos dias, esse tipo se apresenta sob o aspecto do "chefe de um partido parlamentar"; continua a só ser encontrado no Ocidente, que é o âmbito dos Estados constitucionais.

Esse tipo de homem político "por vocação", no sentido próprio do termo, não constitui de maneira alguma, em país algum, a única figura determinante do empreendimento político e da luta pelo poder. O fator decisivo reside, antes, na natureza dos meios de que dispõem os homens políticos. De que modo conseguem as forças políticas dominantes afirmar sua autoridade? Essa indagação diz respeito a todos os tipos de dominação e vale, consequentemente, para todas as formas de dominação política, seja tradicionalista, legalista ou carismática.

Toda empresa de dominação que reclame continuidade administrativa exige, de um lado, que a atividade dos súditos se oriente em função da obediência devida aos senhores que pretendem ser os detentores da força legítima e exige, de outro lado e em virtude daquela obediência, controle dos bens materiais que, em dado caso, se tornem necessários para aplicação da força física. Dito em outras palavras, a dominação organizada necessita, por um lado, de um estado-maior administrativo e, por outro lado, necessita dos meios materiais de gestão.

O estado-maior administrativo, que representa externamente a organização de dominação política, tal como aliás qualquer outra organização, não se inclina a obedecer ao detentor do poder em razão apenas das concepções de legitimidade acima discutidas. A obediência funda-se, antes, em duas espécies de motivo que se relacionam a interesses pessoais: retribuição material e prestígio social. De uma parte, a homenagem dos vassalos, a prebenda dos dignitários, os vencimentos dos atuais servidores públicos e, de outra parte, a honra do cavaleiro, os privilégios das ordens e a dignidade do servidor constituem a recompensa esperada; e o temor de perder o conjunto dessas vantagens é a razão decisiva da solidariedade que liga o estado-maior administrativo aos detentores do poder. E o mesmo ocorre nos casos de dominação carismática: esta proporciona, aos soldados fiéis, a glória guerreira e as riquezas conquistadas e proporciona, aos seguidores do demagogo, os "despojos", isto é, a exploração dos administrados graças ao monopólio dos tributos, às pequenas vantagens da atividade política e às recompensas da vaidade.

Para assegurar estabilidade a uma dominação que se baseia na violência fazem-se necessários, tal como em uma empresa de caráter econômico, certos bens materiais. Desse ponto de vista, é possível classificar as administrações em duas categorias. A primeira obedece ao seguinte princípio: o estado-maior, os funcionários ou outros magistrados, de cuja obediência depende o detentor do poder, são, eles próprios, os proprietários dos instrumentos de gestão, instrumentos esses que podem ser recursos financeiros, edifícios, material de guerra, parque de veículos, cavalos etc. A segunda categoria obedece a princípio oposto: o estado-maior é "privado" dos meios de gestão, no mesmo sentido em que, na época atual, o empregado e o proletário são "privados" dos meios materiais de produção numa empresa capitalista. É, pois, sempre importante indagar se o detentor do poder dirige e organiza a administração, delegando poder executivo a servidores ligados a sua pessoa, a empregados que admitiu ou a favoritos e familiares que não são proprietários, isto é, que não são possuidores de pleno direito dos meios de gestão ou se, pelo contrário, a administração está nas mãos de pessoas economicamente independentes do poder. Essa diferença é ilustrada por qualquer das administrações conhecidas.

Daremos o nome de agrupamento organizado "segundo o princípio das ordens" ao agrupamento político no qual os meios materiais de gestão são, total ou parcialmente, propriedade do estado-maior administrativo. Na sociedade feudal, por exemplo, o vassalo pagava, com seus próprios recursos, as despesas de administração e de aplicação da justiça no território que lhe havia sido confiado e tinha a obrigação de equipar-se e aprovisionar-se, em caso de guerra. E da mesma forma procediam os vassalos que a ele estavam subordinados. Essa situação tinha alguns efeitos no que se refere ao exercício do poder pelo suserano, de vez que o poder deste fundava-se apenas no juramento pessoal de fidelidade e na circunstância de que a "legitimidade" da posse de um feudo e honra social do vassalo derivavam do suserano.

Contudo, encontra-se também disseminado, mesmo entre as formações políticas mais antigas, o domínio pessoal do chefe. Busca este transformar-se no dominador da administração entregando-a a súditos que a ele se ligam de maneira pessoal, a escravos, a servos, a protegidos, a favoritos ou a pessoas a quem ele assegura vantagens em dinheiro ou em espécie. O chefe enfrenta as despesas administrativas lançando mão de seus próprios bens ou distribuindo as rendas que seu patrimônio proporcione e cria um exército que depende exclusivamente de sua autoridade pessoal, pois que é equipado e suprido por suas colheitas, armazéns e arsenais. No primeiro caso, no caso de um agrupamento estruturado em "Estados", o soberano só consegue governar com o auxílio de uma aristocracia independente e, em razão disso, com ela partilha do poder. No segundo caso, o, governante busca apoio em pessoas dele diretamente dependentes ou em plebeus, isto é, em camadas sociais desprovidas de fortuna e de honra social própria. Consequentemente, estes últimos, do ponto de vista material, dependem inteiramente do chefe e, principalmente, não encontram apoio em nenhuma outra espécie de poder capaz de contrapor-se ao do soberano. Todos os tipos de poder patriarcal e patrimonial, bem como o despotismo de um sultão e o Estado de estrutura burocrática, filiam-se a esta última espécie — e insisto muito particularmente no Estado burocrático por ser ele o que melhor caracteriza o desenvolvimento racional do Estado moderno.

 De modo geral, o desenvolvimento do Estado moderno tem por ponto de partida o desejo de o príncipe expropriar os poderes "privados" independentes que, a par do seu, detêm força administrativa, isto é, todos os proprietários de meios de gestão, de recursos financeiros, de instrumentos militares e de quaisquer espécies de bens suscetíveis de utilização para fins de caráter político. Esse processo se desenvolve em paralelo perfeito com o desenvolvimento da empresa capitalista que domina, a pouco e pouco, os produtores independentes. E nota-se enfim que, no Estado moderno, o poder que dispõe da totalidade dos meios políticos de gestão tende a reunir-se sob mão única. Funcionário algum permanece como proprietário pessoal do dinheiro que ele manipula ou dos edifícios, reservas e máquinas de guerra que ele controla. O Estado moderno — e isto é de importância no plano dos conceitos — conseguiu, portanto, e de maneira integral, "privar" a direção administrativa, os funcionários e trabalhadores burocráticos de quaisquer meios de gestão. Nota-se, a essa altura, o surgimento de um processo inédito, que se desenrola a nossos olhos e que ameaça expropriar do expropriador os meios políticos de que ele dispõe e o seu poder político. Tal é, ao menos aparentemente, a consequência da revolução (alemã de 1918), na medida em que novos chefes substituíram as autoridades estabelecidas, em que se apossaram, por usurpação ou eleição, do poder que controla o conjunto administrativo e de bens materiais e na medida em que fazem derivar — pouco importa com que direito — a legitimidade de seu poder da vontade dos governados. Cabe, entretanto, indagar se esse primeiro êxito — ao menos aparente — permitirá que a revolução alcance o domínio do aparelho econômico do capitalismo, cuja atividade se orienta, essencialmente, de conformidade com leis inteiramente diversas das que regem a administração política. Tendo em vista meu objetivo, limitar-me-ei a registrar esta constatação de ordem puramente conceitual: o Estado moderno é um agrupamento de dominação que apresenta caráter institucional e que procurou (com êxito) monopolizar, nos limites de um território, a violência física legítima como instrumento de domínio e que, tendo esse objetivo, reuniu nas mãos dos dirigentes os meios materiais de gestão. Equivale isso a dizer que o Estado moderno expropriou todos os funcionários que, segundo o princípio dos "Estados" dispunham outrora, por direito próprio, de meios de gestão, substituindo-se a tais funcionários, inclusive no topo da hierarquia.

Entretanto, ao longo desse processo de expropriação que se desenvolveu, com êxito maior ou menor, em todos os países do globo, nota-se o aparecimento de uma nova espécie de "políticos profissionais". Trata-se, no caso, de uma categoria nova, que permite definir o segundo sentido dessa expressão. Vemo-los, de início, colocarem-se a serviço dos príncipes. Não tinham a ambição dos chefes carismáticos e não buscavam transformar-se em senhores, mas empenhavam-se na luta política para se colocarem à disposição de um príncipe, na gestão de cujos interesses políticos encontravam ganha-pão e conteúdo moral para suas vidas. Uma vez mais, é só no Ocidente que encontramos essa categoria nova de políticos profissionais a serviço de poderes outros que não o dos príncipes. Não obstante, foram eles, em tempos passados, o instrumento mais importante do poder dos príncipes e da expropriação política que, em benefício destes, se processava.

Antes de entrar em pormenores, tentemos compreender claramente, sem equívocos e sob todos os aspectos, a significação do aparecimento dessa nova espécie de "homens políticos profissionais". São possíveis múltiplas formas de dedicação à política — e é o mesmo dizer que é possível, de muitas maneiras, exercer influência sobre a divisão do poder entre formações políticas diversas ou no interior de cada qual delas. Pode-se exercitar a política de maneira "ocasional", mas é igualmente possível transformar a política em profissão secundária ou em profissão principal, exatamente como ocorre na esfera da atividade econômica. Todos exercitamos "ocasionalmente" a política ao introduzirmos nosso voto em uma urna ou ao exprimirmos nossa vontade de maneira semelhante, como, por exemplo, manifestando desaprovação ou acordo no curso de uma reunião "política", pronunciando um discurso "político" etc. Aliás, para numerosas pessoas, o contato com a política se reduz a esse gênero de manifestações. Outros fazem da atividade política a profissão "secundária". Tal é o caso de todos aqueles que desempenham o papel de homens de confiança ou de membros dos partidos políticos e que, via de regra, só agem assim em caso de necessidade, sem disso fazerem "vida", nem no sentido material, nem no sentido moral. Tal é também o caso dos integrantes de conselhos de Estado ou de outros órgãos consultivos, que só exercem atividades quando provocados. Tal é, ainda, o caso de numerosíssimos parlamentares que só exercem atividade política durante o período de sessões. Esse tipo de homem político era comum outrora, na estruturação por "ordens", própria do antigo regime. Por meio da palavra "ordens", indicamos os que, por direito pessoal, eram proprietários dos meios materiais de gestão, fossem de caráter administrativo ou militar, ou os beneficiários de privilégios pessoais. Ora, grande parte dos membros dessas "ordens" estava longe de consagrar totalmente, ou mesmo precipuamente, a vida à política; à política só se dedicavam ocasionalmente. Não encaravam suas prerrogativas senão como forma de assegurar rendas ou vantagem pessoal. No interior de seus próprios agrupamentos, só desenvolviam atividade política nas ocasiões em que seus suseranos ou seus pares lhes dirigiam solicitação expressa. E o mesmo se dava com relação a uma importante fração das forças auxiliares que o príncipe colocava a seu serviço, para transformá-la em instrumento na luta que ele travava com o fito de constituir uma organização política a ele pessoalmente devotada. Os "conselheiros privados" integravam-se a essa categoria, bem como a ela também se integrava, remontando no tempo, grande parte dos conselheiros que se assentavam nas *curias* ou em outros órgãos consultivos a serviço do príncipe. Evidentemente, entretanto, esses auxiliares que só ocasionalmente se dedicavam à política ou que nela viam tão somente uma atividade secundária estavam longe de bastar ao príncipe. Não lhe restava, portanto, outra alternativa senão a de buscar rodear-se de um corpo de colaboradores inteira e exclusivamente dedicados à sua pessoa e que fizessem da atividade política sua principal ocupação. Naturalmente que a estrutura da organização política da dinastia nascente, assim como a fisionomia da civilização examinada, dependerá muito, em todos os casos, da camada social onde o príncipe vá recrutar seus agentes. E o mesmo cabe dizer, com mais forte razão, dos agrupamentos políticos que, após a abolição completa ou a limitação considerável de poder senhorial se constituam politicamente em comunas "livres" — livres não no sentido de fuga ao domínio por meio de recursos à violência, mas no sentido de ausência de um poder senhorial ligitimado pela tradição e, muito frequentemente, consagrado pela religião e considerado como fonte única de qualquer autoridade. Historicamente, essas comunas só se desenvolveram no mundo ocidental, sob a forma primitiva da cidade erigida em agrupamento político, tal como a vemos surgir, pela primeira vez, no âmbito da civilização mediterrânea.

Há duas maneiras de fazer política. Ou se vive "para" a política ou se vive "da" política. Nessa oposição não há nada de exclusivo. Muito ao contrário, em geral se fazem uma e outra coisa ao mesmo tempo, tanto idealmente quanto na prática. Quem vive "para" a política a transforma, no sentido mais profundo do termo, em "fim de sua vida", seja porque encontra forma de gozo na simples posse do poder, seja porque o exercício dessa atividade lhe permite achar equilíbrio interno e exprimir valor pessoal, colocando-se a serviço de uma "causa" que dá significação a sua vida. Neste sentido profundo, todo homem sério, que vive para uma causa, vive também dela. Nossa distinção assenta-se, portanto, num aspecto extremamente importante da condição do homem político, ou seja, o aspecto econômico. Daquele que vê na política uma permanente fonte de rendas, diremos que "vive da política" e diremos, no caso contrário que "vive para a política". Sob regime que se funde na propriedade privada, é necessário que se reúnam certas condições, que os senhores poderão considerar triviais, para que, no sentido mencionado, um homem possa viver "para" a política. O homem político deve, em condições normais, ser economicamente independente das vantagens que a atividade política lhe possa proporcionar. Quer isso dizer que lhe é indispensável possuir fortuna pessoal ou ter, no âmbito da vida privada, situação suscetível de lhe assegurar ganhos suficientes. Assim deve ser, pelo menos em condições normais, pois que os seguidores do chefe guerreiro dão tão pouca importância às condições de uma economia normal quanto os companheiros do agitador revolucionário. Em ambos os casos, vive-se apenas da presa, dos roubos, dos confiscos, do curso forçado de bônus de pagamento despidos de qualquer valor — pois que tudo isso é, no fundo, a mesma coisa. Tais situações são, entretanto, necessariamente excepcionais; na vida econômica de todos os dias, só a fortuna pessoal assegura independência econômica. O homem político deve, além disso, ser "economicamente disponível", equivalendo a afirmação a dizer que ele não deve estar obrigado a consagrar toda a sua capacidade de trabalho e de pensamento, constante e pessoalmente, à consecução da própria subsistência. Ora, em tal sentido, o mais "disponível" é o capitalista, pessoa que recebe rendas sem nenhum trabalho, seja porque, à semelhança dos grandes senhores de outrora ou dos grandes proprietários e da alta nobreza de hoje, ele as aufere da exploração imobiliária — na Antiguidade e na Idade Média, também os escravos e servos representavam fontes da renda —, seja porque as aufere em razão de títulos ou de outras fontes análogas. Nem o operário, nem muito menos — e isso deve ser particularmente sublinhado — o moderno homem de negócios e, sobretudo, o grande homem de negócios são disponíveis no sentido mencionado. O homem de negócios está ligado a sua empresa e, portanto, não se encontra disponível e muito menos disponível está o que se dedica a atividades industriais do que o dedicado a atividades agrícolas, pois que este é beneficiado pelo caráter sazonal da agricultura. Na maioria das vezes, o homem de negócios tem dificuldade para deixar-se substituir, ainda que temporariamente. O mesmo ocorre com relação ao médico, tanto menos disponível quanto mais eminente e mais consultado. Por motivos de pura técnica profissional, as dificuldades já se mostram menores no caso do advogado, o que explica a circunstância de ele ter desempenhado, como homem político profissional, papel incomparavelmente maior e, com frequência, preponderante. Não se faz necessário, entretanto, estender ainda mais esta casuística; mais conveniente é deixar claras algumas consequências do que se acabou de expor.

O fato de um Estado ou de um partido serem dirigidos por homens que, no sentido econômico da palavra, vivam exclusivamente para a política e não da política significa, necessariamente, que as camadas dirigentes são recrutadas segundo critério "plutocrático". Fazendo essa asserção, não pretendemos, de maneira alguma, dizer que a direção plutocrática não busque tirar vantagem de sua situação dominante, com o objetivo de também viver "da" política, explorando essa posição em benefício de seus interesses econômicos. Claro que isso ocorre. Não há camadas dirigentes que não tenham sido levadas a essa exploração, de uma ou de outra maneira. Nossa asserção significa simplesmente que os homens políticos profissionais nem sempre se veem compelidos a reclamar pagamento pelos serviços que em tal condição prestam, ao passo que o indivíduo desprovido de fortuna está sempre obrigado a tomar esse aspecto em consideração. De outra parte, não é de nossa intenção insinuar que os homens políticos desprovidos de fortuna tenham como única preocupação, durante o curso da atividade política, obter, exclusivamente ou mesmo principalmente, vantagens econômicas e que eles não se preocupem ou não considerem, em primeiro lugar, a causa a que se dedicaram. Nenhuma afirmação seria mais falsa que a feita em tal sentido. Sabe-se, por experiência, que a preocupação com a "segurança" econômica é, com efeito — de maneira consciente ou não — o ponto cardial na orientação da vida de um homem que já possui fortuna. O idealismo político, que não se detém diante de nenhuma consideração e de nenhum princípio, é praticado, se não exclusivamente ao menos principalmente, por indivíduos que, em razão da pobreza, estão à margem das camadas sociais interessadas na manutenção de certa ordem econômica em sociedade determinada. É o que se nota especialmente em períodos excepcionais, revolucionários. Tudo que nos interessa realçar é entretanto o seguinte: o recrutamento não plutocrático do pessoal político, sejam chefes ou seguidores, envolve, necessariamente, a condição de a organização política assegurar-lhe ganhos regulares e garantidos. Nunca existem, portanto, mais de duas possibilidades. Ou a atividade política se exerce "honorificamente" e, nessa hipótese, somente pode ser exercida por pessoas que sejam, como se costuma dizer, "independentes", isto é, por pessoas que gozam de fortuna pessoal, traduzida, especialmente, em termos de rendimentos; ou as avenidas do poder são abertas a pessoas sem fortuna, caso em que a atividade política exige remuneração. O homem político profissional, que vive "da" política, pode ser um puro "beneficiário" ou um "funcionário" remunerado. Em outras palavras, ele receberá rendas, que são honorários ou emolumentos por serviços determinados — não passando a gorjeta de uma forma desnaturada, irregular e formalmente ilegal dessa espécie de renda — ou que assumem a forma de remuneração fixada em dinheiro ou espécie ou em ambos ao mesmo tempo. O político pode revestir, portanto, a figura de um "empreendedor", à maneira do *condottiere*, do meeiro ou do comprador de carga ou revestir o aspecto de *boss* norte-americano que encara suas despesas como investimentos de capital, que ele transforma em fonte de lucros, à mercê da exploração de sua influência política; ou pode ocorrer que ele simplesmente receba uma remuneração fixa, tal como se dá com o redator ou secretário de um partido, com o ministro ou funcionário político modernos. A compensação típica outrora outorgada pelos príncipes, pelos conquistadores vitoriosos ou pelos chefes de partido, quando triunfantes, consistia em feudos, doação de terras, prebendas de todo tipo e, com o desenvolvimento da economia financeira, traduziu-se, mais particularmente, em gratificações. Em nossos dias, são empregos de toda espécie, em partidos, em jornais, em cooperativas, em organizações de seguro social, em municipalidades ou na administração do Estado — distribuídos pelos chefes de partido a seus partidários, pelos bons e leais serviços prestados. As lutas partidárias não são, portanto, apenas lutas para consecução de metas objetivas, mas são, a par disso, e sobretudo, rivalidades para controlar a distribuição de empregos.

Na Alemanha, todas as lutas entre as tendências particularistas e as tendências centralistas giram, também e principalmente, em torno desse ponto. Que poderes irão controlar a distribuição de empregos — os de Berlim ou, ao contrário, os de Munich, de Karlsruhe ou de Dresde? Os partidos se irritam muito mais com arranhões ao direito de distribuição de empregos do que com desvios de programas. Na França, um movimento municipal, fundado nas forças respectivas dos partidos políticos, sempre foi considerado perturbação mais importante do que uma alteração no programa governamental e, com efeito, suscitava agitação maior no país, dado que, geralmente, o programa de governo tinha significação apenas verbal. Numerosos partidos políticos, notadamente nos Estados Unidos da América do Norte, transformaram-se, depois do desaparecimento das velhas divergências a propósito de interpretação da Constituição, em organizações que só se dedicam à caça aos empregos e que modificam seu programa concreto em função dos votos que haja por captar. Na Espanha, pelo menos até os últimos anos, os dois partidos se sucediam no poder, segundo um princípio de alternância consentida, sob a cobertura de eleições "pré-fabricadas" pelas altas direções, com o fim de permitir que os partidários dessas duas organizações se beneficiassem, alternadamente, das vantagens propiciadas pelos postos administrativos. Nos territórios das antigas colônias espanholas, as ditas "eleições" e as ditas "revoluções" não tiveram outro objetivo senão o de dispor da vasilha de manteiga de que os vencedores esperavam servir-se. Na Suíça, os partidos, pacificamente, repartem entre si os empregos, segundo o princípio da distribuição proporcional. Aliás, mesmo na Alemanha, certos projetos de constituição ditos "revolucionários" como, por exemplo, o primeiro projeto elaborado em Baden, propõem estender o sistema suíço à distribuição dos cargos ministeriais e, consequentemente, consideram o Estado e os postos administrativos como instituições destinadas a simplesmente proporcionar prebendas. Foi especialmente o partido do Centro que se entusiasmou com projetos desse tipo e, em Baden, chegou a inscrever em seu programa a aplicação do princípio de distribuição proporcional de cargos segundo as confissões religiosas, sem se preocupar com a capacidade política dos futuros dirigentes. Tendência idêntica se manifestou em todos os demais partidos, com o aumento crescente do número de cargos administrativos que se deu em consequência da generalizada burocratização, mas também se deu por causa da ambição crescente de cidadãos atraídos por uma sinecura administrativa que, hoje em dia, se tornou espécie de seguro específico para o futuro. Dessa forma, aos olhos de seus aderentes, os partidos aparecem, cada vez mais, como uma espécie de trampolim que lhes permitirá atingir este objetivo essencial: garantir o futuro.

A essa tendência opõe-se, entretanto, o desenvolvimento moderno da função pública que, em nossa época, exige um corpo de trabalhadores intelectuais especializados, altamente qualificados e que se preparam, ao longo de anos, para o desempenho de sua tarefa profissional, estando animados por um sentimento muito desenvolvido de honra corporativa, onde se acentua o capítulo da integridade. Se tal sentimento de honra não existisse entre os funcionários, estaríamos ameaçados por uma corrupção assustadora e não escaparíamos ao domínio dos filisteus. Estaria em grande perigo, ao mesmo tempo, o simples rendimento técnico do aparelhamento estatal, cuja importância econômica se acentua crescentemente e não deixará de crescer, sobretudo se consideradas as tendências atuais no sentido de socialização. Mesmo nos Estados Unidos da América do Norte, onde, em épocas passadas, se desconhecia a figura do funcionário de carreira e onde o diletantismo administrativo dos políticos deformados permitia que, em função do acaso de uma eleição presidencial, fossem substituídas várias centenas de milhares de funcionários, mesmo nos Estados Unidos da América do Norte, repitamos, a antiga forma de recrutamento foi, de há muito, superada pela *Civil Service Reform*.

Na origem dessa evolução, encontram-se exigências imperiosas, de ordem técnica exclusiva. Na Europa, a função pública, organizada segundo o princípio da divisão do trabalho, desenvolveu-se progressivamente, ao longo de processo que se estende por meio milhar de anos. As cidades e condados italianos foram os primeiros a tomarem por essa via; e, no caso das monarquias, esse primeiro lugar foi tomado pelos Estados conquistadores normandos. O passo decisivo foi dado relativamente à gestão das *finanças* do príncipe. Os obstáculos surgidos quando das reformas administrativas levadas a efeito pelo Imperador Max permitem-nos compreender quanto foi difícil para os funcionários, mesmo sob pressão de necessidade extrema e sob ameaça turca, privar o soberano da gestão financeira, embora esse campo seja, sem dúvida, o menos compatível com o diletantismo de um príncipe que, por aquela época, aparecia, ainda e antes de tudo, como um cavaleiro. Razão idêntica fazia com que o desenvolvimento da técnica militar impusesse a presença de um oficial de carreira e o aperfeiçoamento do processo judiciário reclamasse um jurista competente. Nesses três domínios — o financeiro, o do exército e o da justiça — os funcionários de carreira triunfaram definitivamente, nos Estados evoluídos, durante o século XVI. Dessa maneira, paralelamente ao fortalecimento do absolutismo do príncipe em relação às "ordens", ocorreu sua progressiva abdicação em favor dos funcionários que haviam, precisamente, auxiliado o príncipe a alcançar vitória sobre as "ordens".

A par dessa ascensão de funcionários qualificados, era possível constatar — embora com transições menos claras — uma outra evolução envolvendo os "dirigentes políticos". Desde sempre e em todos os países do mundo, houve, evidentemente, conselheiros reais que gozaram de grande autoridade. No Oriente, a necessidade de reduzir tanto quanto possível a responsabilidade pessoal do sultão, com o fito de assegurar o êxito de seu reinado, conduziu à criação da figura típica do "grão-vizir". No Ocidente, ao tempo de Carlos V — que foi também o tempo de Maquiavel — a influência que, sobre os círculos especializados da diplomacia, exerceu a leitura apaixonada dos relatórios de embaixadores transformou a atividade diplomática numa arte *de connoisseurs*. Os aficionados dessa nova arte, formados, em sua maioria, dentro dos quadros do humanismo, consideravam-se como uma categoria de especialistas, à semelhança dos letrados da China do baixo período, o período da divisão do país em Estados múltiplos. Foi, entretanto, a evolução dos regimes políticos no sentido do constitucionalismo o que permitiu sentir, de maneira definitiva e urgente, uma orientação formalmente unificada do conjunto da política, inclusive a política interna, sob a égide de um só homem de Estado. Sempre houve, por certo, fortes personalidades que ocuparam a posição de conselheiros ou — em verdade — a de guia do príncipe. Não obstante, a organização dos poderes públicos havia, primitivamente, seguido via diversa daquela que acabamos de assinalar, tendo ocorrido esse fato mesmo nos Estados mais evoluídos. Nota-se, com efeito e desde logo, a constituição de um corpo administrativo supremo, de caráter colegiado. Em teoria, embora com frequência cada vez menor na prática, esses organismos reuniam-se sob presidência pessoal do príncipe, único a tomar decisões. Por meio de tal sistema, que deu origem às propostas, contrapropostas e votos segundo o princípio da maioria e, a par disso, devido ao fato de que o soberano, além de recorrer às supremas instâncias oficiais, apelava a homens de confiança, a ele pessoalmente ligados — o "gabinete" —, por cujo intermédio tomava decisões em resposta às resoluções dos Conselhos de Estado ou de outros órgãos da mesma espécie (sem importar o nome que recebessem) — o príncipe, que se colocava cada vez mais na posição de um diletante, julgou poder escapar à importância inexoravelmente crescente dos funcionários especializados e qualificados, retendo em suas mãos a direção mais alta. Percebe-se, por toda parte, essa luta latente entre os funcionários especializados e a autocracia do príncipe. Esse estado de coisas só se alterou com o surgir dos parlamentos e das aspirações políticas dos chefes dos partidos parlamentares. Embora as condições desse novo desenvolvimento fossem diferentes nos diversos países, conduziram, não obstante, a um resultado aparentemente idêntico. Com algumas nuanças, é certo. Assim, em todos os lugares onde as dinastias conseguiram conservar um poder verdadeiro — na Alemanha, notadamente —, os interesses do príncipe se aliaram aos dos funcionários, *contra* as pretensões do Parlamento e suas aspirações ao poder. Os funcionários tinham, com efeito, interesse na possibilidade, aberta a alguns, de ascender a postos do executivo, inclusive os de ministro, que se transformavam, desse modo, em posição superior da carreira. De sua parte, o monarca tinha interesse em poder nomear os ministros a seu bel-prazer e de escolhê-los entre os funcionários a ele devotados. E havia, enfim, um interesse comum dessas partes em assegurar unidade de direção política, vendo surgirem condições de enfrentar o Parlamento sem cisão interna: tinham essas partes interesse, portanto, em substituir o sistema colegiado por um chefe de gabinete que exprimisse a unidade de vistas do ministério. Acrescente-se que, para manter-se ao abrigo das rivalidades entre partidos e dos eventuais ataques desses partidos, o monarca tinha necessidade de contar com um responsável único, em condições de lhe dar cobertura, isto é, com um homem que pudesse dar explicações aos parlamentares, opor-se aos projetos que estes apresentassem ou negociar com os partidos. Todos esses diversos interesses agiram conjuntamente e num mesmo sentido, conduzindo à autoridade unificada de um ministro-funcionário. O processo de desenvolvimento do poder parlamentar teve, contudo, consequências ainda maiores no sentido de unificação quando, como na Inglaterra, o Parlamento conseguiu sobrepor-se ao monarca. Em tal caso, o "gabinete", tendo à frente um dirigente parlamentar único, o "líder", assumiu a forma de uma comissão que se apoiava exclusivamente em seu próprio poder, detendo, no país, uma força real, embora ignorada nas leis, a saber, a força do partido político que, na ocasião, contava com maioria no Parlamento. Deixaram, portanto, os organismos colegiados oficiais de ser órgão do poder político dominante — que havia passado aos partidos — e, consequentemente, não podiam permanecer como reais detentores do governo. Para ter condições de afirmar sua autoridade interna e de orientar a política exterior, o partido dirigente necessitava, antes de tudo, de um órgão diretor composto unicamente pelos verdadeiros dirigentes do partido, a fim de estar em condições de manipular confidencialmente os negócios. Esse órgão era, precisamente, o gabinete. Contudo, aos olhos do público e, em especial, aos olhos do público parlamentar, havia um chefe único responsável por todas as decisões: o chefe do gabinete. Somente nos Estados Unidos da América e nas democracias por eles influenciadas é que se adotou sistema totalmente diverso, consistente em colocar o chefe do partido vitorioso, eleito por sufrágio universal direto, à frente do conjunto de funcionários por ele nomeados, dependendo da autorização do Parlamento apenas em matéria de orçamento e de legislação.

A evolução, ao mesmo tempo em que transformava a política em uma "empresa", ia exigindo formação especial daqueles que participavam da luta pelo poder e que aplicavam os métodos políticos, tendo em vista os princípios do partido moderno. A evolução conduz, assim, a uma divisão dos funcionários em duas categorias: de um lado, os funcionários de carreira e, de outro, os funcionários "políticos". Não se trata, por certo, de uma distinção que faça estanques as duas categorias, mas ela é, não obstante, suficientemente nítida. Os funcionários "políticos", no sentido próprio do termo, são, regra geral, reconhecíveis externamente pela circunstância de que é possível deslocá-los à vontade ou, pelo menos "colocá--los em disponibilidade", tal como ocorre com os *préfets* na França ou com funcionários do mesmo tipo em outros países. Tal situação é radicalmente diversa da que têm os funcionários de carreira de magistratura, estes "inamovíveis". Na Inglaterra, é possível incluir na categoria de funcionários políticos todos os que, por força de convenção estabelecida, abandonam seus postos, quando tem lugar uma alteração da maioria parlamentar e, por consequência, uma reforma do gabinete. Assim ocorre, habitual e especialmente, em relação aos funcionários cuja incumbência é a de velar pela "administração interna", que é, essencialmente, "política", importando, antes de tudo, em manter a "ordem" no país e, portanto, em manter o existente equilíbrio de forças. Na Prússia, após o ordenamento de Puttkamer, os funcionários, sob pena de serem chamados à ordem, eram obrigados a "tomar a defesa da política do governo" e, à semelhança dos *préfets* na França, eram utilizados como instrumento oficial para influenciar as eleições. No sistema alemão, contudo — contrariamente ao que se dá em outros países — a maioria dos funcionários "políticos" ficava submetida a uma regra que se aplicava ao conjunto de funcionários, ou seja, a de que o acesso às funções administrativas está sempre ligado a diplomas universitários, a exames profissionais e a estágio preparatório. Essa característica específica dos funcionários modernos não tem vigência, na Alemanha, no que se refere aos chefes da organização política, isto é, aos ministros. Sob o regime antigo, já era possível, na Prússia, que alguém se tornasse ministro dos cultos ou da instrução sem ter jamais frequentado um estabelecimento de ensino superior, ao passo que, em princípio, a posição de conselheiro especial* só estava aberta a quem houvesse obtido aprovação nos exames prescritos. Um chefe de divisão administrativa ministerial ou conselheiro especial estavam, portanto e naturalmente — ao tempo em que Althoff ocupava a pasta da Educação na Prússia — muito mais bem informados do que os chefes de departamento acerca dos problemas técnicos concretos afetos a esse departamento. E não era diferente o estado de coisas na Inglaterra. Tal a razão por que o funcionário especializado é a mais poderosa personagem no que diz respeito aos trabalhos em curso. Em verdade, uma situação dessas nada tem, por si mesma, de absurda. O ministro é, acima de tudo, o representante da constelação política instalada no poder; cabe-lhe, portanto, pôr em prática o programa da constelação de que faz parte, julgando, em função de tal programa, as propostas que lhe são oferecidas pelos funcionários especializados ou dando a seus subordinados as diretrizes políticas conformes à linha de seu partido.

Numa empresa privada, tudo se passa de maneira semelhante. O verdadeiro soberano, ou seja, a assembleia de

---

* No original *Vortragender Rat*, alto funcionário ministerial encarregado da apresentação periódica de relatórios acerca das atividades do órgão em que servia. N. T.

acionistas está, numa empresa privada, tão desprovida de influências sobre a gestão dos negócios quanto um "povo" dirigido por funcionários especializados. As pessoas que têm poder de decisão no que se refere à política da empresa, isto é, os membros do "conselho de administração", dominadas pelos bancos, não fazem mais que traçar as diretivas econômicas e designar quem seja competente para dirigir a empresa, pois que elas próprias não têm aptidão para geri-la tecnicamente. Desse ponto de vista, é evidente que não constitui novidade alguma a estrutura atual do Estado revolucionário, que entrega a direção administrativa a verdadeiros diletantes, apenas porque estes dispõem de metralhadoras, e que não vê nos funcionários especializados mais que simples agentes executivos. Não é, portanto, por esse lado, mas por outro, que se impõe buscar as causas das dificuldades enfrentadas pelo sistema atual. Não temos intenção, entretanto, de abordar esse problema em nossa palestra de hoje.

*

Convém, agora, dirigir nossa atenção para os traços particulares dos políticos profissionais, tanto os que detêm posição de chefia, quanto seus seguidores. Aqueles traços se têm alterado com o decurso do tempo e, ainda hoje, apresentam matizes variados.

Como já fizemos notar, os "políticos profissionais" surgiram, outrora, da luta que opunha o príncipe às "ordens" e logo se colocaram a serviço do primeiro. Examinemos, brevemente, os principais tipos.

Para lutar contra as ordens, o príncipe buscou apoio nas camadas sociais politicamente disponíveis e não comprometidas com as mesmas ordens. A essa categoria pertenciam, em primeiro lugar, os clérigos, tanto nas Índias orientais como nas ocidentais, na China e Japão, na Mongólia dos Lamas e nos países cristãos da Idade Média. Havia, para isso, uma razão técnica: tratava-se de pessoas que sabiam escrever. Recorreu-se aos brâmanes, aos sacerdotes budistas, aos Lamas ou aos bispos e sacerdotes, porque neles se encontrava um pessoal administrativo potencial capaz de expressar-se por escrito e suscetível de ser utilizado pelo imperador, pelos príncipes ou pelo *khan* na luta que travavam contra a aristocracia. O sacerdote, e muito particularmente o sacerdote celibatário, colocava-se à margem da agitação provocada pelo choque de interesses políticos e econômicos próprios da época e, sobretudo, não estava tentado, como o vassalo, a conquistar, em detrimento de seu senhor e no interesse de seus descendentes, poder político próprio. Por sua condição social, o sacerdote estava "privado" dos meios de gestão, dentro do sistema administrativo do príncipe.

A segunda categoria veio a ser constituída pelos letrados com formação humanística. Foi um tempo em que, para aspirar à posição de conselheiro do príncipe e, em especial, de historiógrafo do príncipe, aprendia-se a fazer discursos em latim e poesias em grego. Foi a época de floração inicial das escolas humanísticas e da fundação, pelos reis, das cátedras de "poética": época rapidamente ultrapassada entre nós. Teve, sem dúvida influência duradoura sobre nosso sistema escolar, mas, em verdade, não deu lugar a consequências significativas no campo da política. Coisa diversa, entretanto, ocorreu no Extremo-Oriente. O mandarim chinês é, ou melhor, foi, em sua origem, muito semelhante ao humanista da Renascença, isto é, um letrado com educação humanista recebida ao contato com monumentos linguísticos do passado remoto. Quem ler o diário de Li Houng-Tchang verificará que ele tinha como orgulho maior ser autor de poesias e excelente calígrafo. Essa camada social dos mandarins, nutrida pelas convenções estabelecidas segundo o modelo da antiguidade chinesa, foi a determinante de todo o destino da China. Nosso destino poderia ter sido o mesmo, se nossos humanistas tivessem tido, em sua época, a possibilidade de se imporem com o mesmo êxito.

A terceira categoria era constituída pela nobreza da corte. Após ter conseguido retirar da nobreza o poder político que ela detinha enquanto ordem, os soberanos a atraíram para a corte e lhe atribuíram funções políticas e diplomáticas. A transformação sofrida por nosso sistema educacional, durante o século XVII, foi, em parte, determinada pela circunstância de que os letrados humanistas cederam a políticos profissionais recrutados na corte a posição que ocupavam junto aos príncipes.

A quarta categoria é composta por uma figura tipicamente inglesa: o patriciado, que compreendia a pequena nobreza e os rendeiros das aldeias, o que se designa pelo termo técnico de *gentry*. De início, o soberano, para lutar contra os barões, havia atraído esse patriciado e lhe havia confiado posições de *self-government*, mas, com o correr do tempo, viu-se ele próprio na dependência dessa camada social ascendente. O patriciado conservou todos os postos da administração local, assumindo, gratuitamente, todos os encargos, tendo em vista o interesse de seu poder social. E, assim preservou a Inglaterra da burocratização, que foi o destino de todos os países da Europa continental.

A quinta categoria, a dos juristas formados em universidades, constitui um tipo ocidental peculiar, e peculiar, antes de tudo ao continente europeu, de que determinou, de maneira dominante, toda a estrutura política. A formidável influência póstuma do direito romano, sob a forma que havia assumido no Estado romano burocratizado da decadência, não transparece, em nenhuma outra parte, mais claramente do que no fato seguinte: a revolução da coisa pública, entendida essa expressão em termos de progressão no sentido de uma forma estatal racional foi, em todos os lugares, obra de juristas esclarecidos. Pode-se constatá-lo até mesmo na Inglaterra, embora as grandes corporações nacionais de juristas hajam, ali, combatido a difusão do direito romano. Em nenhuma outra parte do mundo se encontra qualquer analogia com esse fenômeno. Os ensaios de pensamento jurídico racional, levados a efeito pela escola hindu de Mimansa, e os esforços dos pensadores islamitas para promover o progresso do pensamento jurídico antigo não puderam impedir a contaminação desse pensamento jurídico racional por formas teológicas de pensamento. Nenhuma dessas duas correntes foi capaz de racionalizar de maneira completa o procedimento legal. Para levar a bom termo esse propósito, foi necessário estabelecer contato com a antiga jurisprudência dos romanos que, tal como é sabido, resultou de uma estrutura política absolutamente singular, pois que se elevou de cidade-estado à categoria de império mundial. A obra foi primeiramente empreendida pelos juristas italianos, importando citar, a seguir, o *usus modernus* dos pandectistas, os canonistas da alta Idade Média e, por fim, as teorias do direito natural elaboradas pelo pensamento jurídico cristão, que, depois, se secularizaram. Os grandes representantes desse racionalismo jurídico foram a *podestà* italiana, os legistas franceses (que encontraram meios legais para solapar o poder dos senhores em benefício do poder dos reis), os canonistas e os teólogos que professaram as teorias do direito natural nos concílios, os juristas de corte e os hábeis juízes dos príncipes do continente, os teóricos do direito natural na Holanda e os monarcômacos, os juristas ingleses da Coroa e do Parlamento, a *noblesse de robe* do Parlamento de Paris e, enfim, os advogados da Revolução Francesa. Sem esse racionalismo jurídico, não se poderia compreender o surgimento do absolutismo real, nem a grande Revolução. Quem percorra os registros do Parlamento de Paris ou os anais dos Estados Gerais franceses, desde o século XVI até 1789, aí encontrará presente o espírito dos juristas. E quem passar em revista as profissões dos membros da Convenção, quando da Revolução, encontrará um único proletário — embora escolhido segundo a mesma lei eleitoral aplicável a seus colegas — e um número reduzidíssimo de empreendedores burgueses. Em oposição a isso, encontrará numerosos juristas de todas as orientações, sem os quais seria absolutamente impossível compreender a mentalidade radical desses intelectuais ou os projetos por eles apresentados. Desde essa época, o advogado moderno e a democracia estão ligados. Por outro lado, só no Ocidente é que se encontra a figura do advogado no sentido específico de uma camada social independente, e isso desde a Idade Média, quando eles se multiplicaram a partir do "intercessor"(*fursprech*) do processo germânico, sob influência de uma racionalização de procedimentos.

    Nada tem de fortuito a importância dos advogados na política ocidental, após a aparição dos partidos políticos. A empresa política dirigida por partidos não passa, em verdade, de uma empresa de interesses — e logo veremos o que essa asserção pretende significar. Ora, a função do advogado especializado consiste, exatamente, em defesa dos interesses daqueles que o procuram. Em tal domínio — e tal é a conclusão que se pode retirar da superioridade da propaganda inimiga — o advogado sobrepuja qualquer "funcionário". Sem dúvida alguma, ele pode fazer triunfar, isto é, pode "ganhar" tecnicamente uma causa cujos argumentos têm fraca base lógica e que é, em consequência, logicamente "má", porém é também o único a ter condições de fazer triunfar, isto é, de "ganhar" uma causa que se funda em argumentos sólidos e que é, portanto, "boa", em tal sentido. Acontece, infelizmente e com frequência demasiada, que o funcionário, enquanto homem político, faça de uma "boa" causa, do ponto de vista dos argumentos, uma causa "má", em razão de erros técnicos. Temos experiência disso. Em medida cada vez maior, a política se faz, hoje, em público e se faz, portanto, com a utilização desses instrumentos que são a palavra falada e escrita. Pois bem, pesar o efeito das palavras é algo que se põe como parte relevante da atividade do advogado, mas não como parte da atividade de um funcionário especializado que não é demagogo e que, por definição, não o pode ser. Se ele, por infelicidade, tentar desempenhar esse papel, só poderá fazê-lo de maneira canhestra.

    O verdadeiro funcionário — e essa observação é decisiva para julgamento de nosso antigo regime — não deve fazer política exatamente devido a sua vocação: deve administrar, antes de tudo, de forma não partidária. Esse imperativo aplica-se igualmente aos ditos funcionários "políticos", ao menos oficialmente e na medida em que a "razão de Estado", isto é, os interesses vitais de ordem estabelecida não estão em jogo. Ele deve desempenhar sua missão *sine ira et studio*, "sem ressentimentos e sem preconceitos". Não deve, em consequência, fazer o que o homem político, seja o chefe, sejam seguidores, está compelido a fazer incessante e necessariamente, isto é, *combater*. Com efeito, tomar partido, lutar, apaixonar-se — *ira et studio* — são as características do homem político. E, antes de tudo, do chefe político. A atividade deste último está subordinada a um princípio de responsabilidade totalmente estranho, e mesmo oposto, ao que norteia o funcionário. A honra do funcionário reside em sua capacidade de executar conscienciosamente uma ordem, sob responsabilidade de uma autoridade superior, ainda que — desprezando a advertência — ela se obstine a seguir uma falsa via. O funcionário deve executar essa ordem como se ela correspondesse a suas próprias convicções. Sem essa disciplina moral, no mais elevado sentido do termo, e sem essa abnegação, toda a organização ruiria. A honra do chefe político, ao contrário, consiste justamente na *responsabilidade pessoal* exclusiva por tudo quanto faz, responsabilidade que ele não pode rejeitar, nem delegar. Ora, os funcionários que têm visão moralmente elevada de suas funções são, necessariamente, maus políticos: não se dispõem com efeito, a assumir responsabilidades no sentido político do termo e, desse ponto de vista, são, consequentemente, políticos moralmente inferiores. Infelizmente, esse tipo de funcionário ocupa, na Alemanha, postos de direção. É a isso que damos o nome de "regime dos funcionários". Não é ferir a honra da função pública alemã pôr em evidência o que há de politicamente falso no sistema, visto do ângulo da eficácia política. Voltemos, porém, aos tipos de figura política.

*

Desde que existem os Estados constitucionais e mesmo desde que existem as democracias, o "demagogo" tem sido o chefe político típico do Ocidente. O gosto desagradável que em nós provoca essa palavra não nos deve levar a esquecer que foi Péricles e não Cléon o primeiro que a mereceu. Não tendo função alguma, ou melhor, ocupando a única função eletiva existente, a de estratego superior — enquanto que todos os outros postos na democracia antiga eram atribuídos por sorteio —, ele dirigia a eclésia soberana do *demos* ateniense. Certo é que a demagogia moderna faz uso do discurso — e numa proporção perturbadora, se pensarmos nos discursos eleitorais que o candidato moderno está obrigado a pronunciar —, mas faz uso ainda maior da palavra impressa. Por tal motivo é que o publicista político e, muito particularmente, o *jornalista* são, em nossa época, os mais notáveis representantes da demagogia.

No quadro desta conferência, não nos é possível traçar nem mesmo um simples esboço da sociologia do moderno jornalismo. Esse problema constitui, de todos os pontos de vista, um capítulo à parte. Contentar-nos-emos com algumas observações, que são importantes para o assunto de que nos ocupamos. O jornalista participa da condição de todos os demagogos, assim como — ao menos no que se refere à Europa continental e em oposição ao que se passa na Inglaterra e, outrora, ocorria na Prússia — o advogado (e o artista): escapa a qualquer classificação social precisa. Pertence a uma espécie de classe de párias que a "sociedade" sempre julga em função de seus representantes mais indignos sob o ponto de vista da moralidade. Daí a razão por que se veiculam as ideias mais estranhas a respeito dos jornalistas e do trabalho que executam. Não obstante, a maior parte das pessoas ignora que um "trabalho" jornalístico realmente bom exige pelo menos tanta "inteligência" quanto qualquer outro trabalho intelectual e, com frequência, se esquece tratar-se de tarefa a executar de imediato e sob comando, tarefa à qual impõe-se emprestar imediata eficácia, em condições de criação inteiramente diversas das enfrentadas por outros intelectuais. Muito raramente se considera que a responsabilidade do jornalista é bem maior que a do cientista, não sendo o sentimento de responsabilidade de um jornalista honrado em nada inferior ao de qualquer outro intelectual — e cabe mesmo dizer que seja superior, quando se têm em conta as constatações que foi possível fazer durante a última guerra*. O descrédito em que tombou o jornalismo explica-se pelo fato de havermos guardado na memória os abusos de jornalistas despidos de senso de responsabilidade e que exerceram, frequentemente, influência deplorável. Ninguém se inclina, entretanto, a admitir que a discrição do jornalista seja, em geral, superior à de outras pessoas. O ponto é inegável. As tentações incomparavelmente mais fortes, que se ligam ao exercício dessa profissão, bem como outras condições que rodeiam a atividade jornalística, implicam em certas consequências que habituaram o público a ver o jornal com um misto de desdém e de piedosa covardia. Não nos é dado examinar, esta noite, o que seria de conveniência fazer em tal circunstância. O que nos interessa, no momento, é o problema do destino *político* reservado aos jornalistas: quais as possibilidades que a eles se abrem de ascender a postos de direção política? Até agora, as oportunidades só lhes foram favoráveis no partido social-democrata e, mesmo dentro dessa organização, os postos de redator davam, em geral, a simples condição de funcionário, não se constituindo em trampolim para acesso a uma posição de dirigente.

Nos partidos burgueses, as possibilidades de chegar ao poder político por meio do jornalismo diminuíram, de modo

* Weber se refere à Primeira Guerra Mundial. N. E.

geral, se as comparamos com as que estavam vigentes na geração anterior. Naturalmente que todo político de alguma importância tinha necessidade de contar com a imprensa e, consequentemente, necessitava cultivar relações no meio jornalístico. Era, entretanto, inteiramente excepcional — contrariava qualquer expectativa — ver chefes políticos aflorarem a partir do jornalismo. A razão desse fato deve ser procurada na "não disponibilidade" que se faz notar fortemente no campo do jornalismo, sobretudo quando o jornalista não dispõe de fortuna pessoal e, por tal circunstância, tem os recursos limitados que a profissão lhe assegura. Essa dependência é consequência do desenvolvimento enorme que, em vulto e poder, teve a empresa jornalística. A necessidade de ganhar a vida redigindo um artigo diário ou, pelo menos, semanal constitui espécie de cadeia presa ao pé do jornalista e conheço alguns deles que, embora possuíssem o temperamento de um chefe, viram-se continuamente paralisados, material e moralmente, em sua ascensão para o poder. Certo é que, sob o antigo regime, as relações da imprensa com os poderes dominantes no Estado e com os partidos foram prejudiciais, ao máximo, para o nível do jornalismo, mas isso constitui capítulo à parte. Essas relações haviam tomado feição inteiramente diversa nos países inimigos da Alemanha (Aliados). Contudo, mesmo ali e, em geral, em todos os Estados modernos, pode--se constatar, ao que parece, a vigência da seguinte regra: o trabalhador da imprensa perde, cada vez mais, influência política, enquanto que o magnata capitalista — do tipo de Lorde Northcliffe, por exemplo — vê, continuamente, aumentada essa influência.

    Os grandes consórcios capitalistas de imprensa que, na Alemanha, se haviam apossado dos jornais que publicam "anúncios populares" foram, até o momento e via de regra, os típicos propagadores da indiferença política. Havia-se tomado consciência de que, obstinando-se no seguir esse caminho, não se tiraria qualquer vantagem de uma política independente, não havendo esperança alguma de poder contar com a benevolência, comercialmente útil, das forças que se encontravam no poder. O sistema dos comunicados foi algo a que o governo recorreu largamente, durante a última guerra, para tentar exercer influência política sobre a imprensa e parece que há, no momento, tendência de perseverar nessa trilha. Se é de esperar que a grande imprensa possa subtrair-se a esse tipo de informação, o mesmo não se dará com os pequenos jornais, cuja situação geral é muito mais delicada. Seja como for, a carreira jornalística não é na ocasião presente, entre nós, via normal para alcançar a posição de chefe político (o futuro nos dirá se não o é mais ou se não o é ainda), a despeito dos atrativos de que ela se possa revestir e do campo de influência, de ação e de responsabilidade que possa abrir para os que desejem a ela dedicar-se. É difícil dizer se o abandono do princípio do anonimato, preconizado por muitos jornalistas — não por todos, é certo — será suscetível de alterar a situação. A experiência que foi possível fazer na imprensa alemã, durante a guerra, com relação a jornais que haviam confiado os postos de redator-chefe a intelectuais de grande personalidade, que utilizavam explicitamente o próprio nome, mostrou, infelizmente, que, em alguns casos notórios, o método não é tão bom quanto se poderia crer, para inculcar elevado sentido de responsabilidade. Foram — sem distinção de partidos — as chamadas folhas de informação, sem dúvida as mais comprometidas, que se esforçaram para, afastando o anonimato, aumentar a tiragem, no que se viram muito bem-sucedidas. As pessoas envolvidas, tanto os diretores dessas publicações como os jornalistas do sensacionalismo, ganharam com isso uma fortuna, mas nada se ganhou no capítulo da honra jornalística. Não quer isso dizer que se deva rejeitar o princípio da assinatura dos artigos; o problema é, em verdade, assaz complexo e o fenômeno que mencionamos não tem qualquer significação de caráter geral. Constato simplesmente que essa prática não se revelou, até o presente, meio adequado para formar chefes verdadeiros e políticos que tenham senso de responsabilidade. O futuro nos dirá do evoluir de tal situação. De qualquer modo, a carreira jornalística permanecerá como uma das vias mais importantes de atividade política profissional. Não se constitui, entretanto, em caminho aberto a todos. Não está aberto, sobretudo, para os caracteres fracos e, menos ainda, para os que só se podem realizar em situação social isenta de tensões. Se a vida do jovem intelectual está exposta ao acaso, permanece, contudo, rodeada de certas convenções sociais sólidas, que a protegem contra os passos em falso. A vida do jornalista, entretanto, está entregue, sob todos os pontos de vista, ao puro azar e em condições que o põem à prova de maneira que não encontra paralelo em nenhuma outra profissão. As experiências frequentemente amargas da vida profissional correspondem, talvez, ao aspecto menos penoso dessa atividade. São exatamente os jornalistas de grande notoriedade que se veem compelidos a enfrentar exigências particularmente cruéis. É de mencionar, por exemplo, a circunstância de frequentar os salões dos poderosos da Terra, aparentemente em pé de igualdade, vendo-se, em geral e mesmo com frequência, adulado, porque temido, tendo, ao mesmo tempo, consciência perfeita de que, abandonada a sala, o anfitrião sentir-se-á, talvez, obrigado a se justificar diante dos demais convidados por haver feito comparecer esses "lixeiros da imprensa". De mencionar também é o fato de se ver obrigado a manifestar prontamente e, a par disso, com convicção, pontos de vista sobre todos os assuntos que o "mercado" reclama e sobre todos os problemas possíveis, e tudo isso sem cair na vulgaridade e sem perder a própria dignidade desnudando-se, o que teria as mais impiedosas consequências. Em circunstâncias tais, não é de qualquer modo surpreendente que numerosos jornalistas se hajam degradado, decaindo sob o ponto de vista humano, mas surpreendente é que, a despeito de todas as dificuldades, a corporação inclua tão grande número de homens de autêntico valor e mesmo uma proporção de jornalistas honestos mais elevada do que o supõem os profanos.

Se o jornalista é um tipo de homem político profissional que, sob certo aspecto, já tem longo passado atrás de si, a figura do funcionário de um partido político, ao contrário, só apareceu no curso das últimas décadas e, em parte, no curso dos últimos anos. Para compreender o processo de desenvolvimento histórico desse novo tipo de homem, faz-se necessário examinar, preliminarmente, a vida e a organização dos partidos políticos.

*

Em todos os lugares — à exceção dos pequenos cantões rurais em que os detentores do poder são periodicamente eleitos — a empresa política se põe, necessariamente, como empresa de interesses. Quer isso dizer que um número relativamente restrito de homens interessados pela vida política e desejosos de participar do poder aliciam seguidores, apresentam-se como candidato ou apresentam a candidatura de protegidos seus, reúnem os meios financeiros necessários e se põem à caça de sufrágios. Sem essa organização, não há como estruturar praticamente as eleições em grupos políticos amplos. Equivalem essas palavras a afirmar que, na prática, os cidadãos com o direito a voto dividem-se em elementos politicamente ativos e em elementos politicamente passivos. Como essa distinção tem por base a livre decisão de cada um, não é possível suprimi-la, a despeito de todas as medidas de ordem geral que se possam sugerir, tais como o voto obrigatório, a "representação das profissões" ou qualquer outro meio destinado, formal ou efetivamente, a fazer desaparecer a diferença e, por esse meio, o domínio dos políticos profissionais. A existência de chefes e seguidores que, enquanto elementos ativos, buscam recrutar, livremente, militantes e, por outro lado, a existência de um corpo eleitoral passivo constituem condições indispensáveis à existência de qualquer partido político. A estrutura mesma dos partidos pode, entretanto, variar. Os "partidos" das cidades medievais, como, por exemplo, o dos guelfos e dos gibelinos, compunham-se exclusivamente de seguidores pessoais. Se considerarmos o *Statuto della parte Guelfa*, se nos recordarmos de certas disposições como a relativa ao confisco dos bens dos *nobili* — famílias onde havia a condição de cavaleiros e que podiam, consequentemente, tornar-se proprietárias de um feudo — ou se lembrarmos a supressão do direito de exercer determinada função ou a privação do direito de voto que podia atingir membros dessas famílias ou, enfim, se considerarmos a estrutura das comissões interregionais desse partido, a severa organização militar a que obedeciam e as vantagens que concediam aos delatores, não poderemos impedir-nos de pensar no bolchevismo, em sua organização militar e — sobretudo na Rússia — em suas organizações de informação, na desmoralização e denegação de direitos políticos aos "burgueses", isto é, empreendedores, comerciantes, clérigos, elementos ligados à antiga dinastia e dirigentes da antiga polícia. A analogia se torna mais contundente quando se leva em conta que a organização militar do partido guelfo estava apoiada em um exército de cavaleiros no qual quase todos os postos de direção eram reservados para os nobres; com efeito, os soviéticos conservaram, ou, melhor, restabeleceram, a figura do empreendedor amplamente remunerado, o trabalho forçado, o sistema Taylor, a disciplina no exército e na fábrica e chegam a lançar olhares para os capitais estrangeiros. Numa palavra, para colocarem em marcha a máquina econômica e estatal, viram-se eles condenados a adotar tudo quanto condenaram como instituições da classe burguesa, além disso, reintegram nas velhas funções os agentes da antiga *Ochrana* (polícia secreta czarista), transformando-os em instrumentos essenciais do poder político. Nesta palestra não nos poderemos, entretanto, ocupar dessas organizações apoiadas na violência; daremos atenção, ao contrário, aos políticos profissionais que buscam ascender ao poder com o apoio da influência de um partido político que disputa votos no mercado eleitoral sem jamais recorrer a outros meios que não os racionais e "pacíficos".

Se considerarmos, agora, os partidos políticos no sentido comum do termo, constataremos que, por exemplo na Inglaterra, eles não passavam, no começo, de simples conjuntos de dependentes da aristocracia. Quando, por esta ou aquela razão, um par do reino trocava de partido, todos os que dele dependiam passavam-se também para o outro campo. Até a época do Reform Bill (de 1831), não era o rei, e sim as grandes famílias da nobreza que gozavam das vantagens propiciadas pela massa enorme dos burgos eleitorais. Os partidos de notáveis, que se desenvolveram mais tarde graças à ascensão política da burguesia, conservavam ainda uma estrutura muito próxima da estrutura dos partidos da nobreza. As camadas sociais que possuíam "fortuna e educação", animados e dirigidos por intelectuais, categoria peculiar ao Ocidente, dividiram-se em diferentes porções, o que foi devido, em parte, a interesses de classe, em parte à tradição familiar e, em parte, a motivos puramente ideológicos, passando a constituir partidos políticos de que conservaram a direção. Membros do clero, professores, advogados, médicos, farmacêuticos, fazendeiros prósperos, manufatores — e, na Inglaterra, toda camada social que julgava pertencer à classe dos *gentlemen* — constituíram-se, de início, em agrupamentos políticos episódicos ou, quando muito, em clubes políticos locais; durante os períodos difíceis, via-se surgir também, no palco político, a pequena burguesia e até o proletariado chegou, certa vez, a aparecer. E fazia-se ainda necessário que essas últimas camadas sociais encontrassem um chefe que, via de regra, não brotava de seu próprio seio. Na época, não existiam partidos organizados regionalmente, que encontrassem base em agrupamentos permanentes do interior do país. Não existia outra coesão política senão a criada pelos parlamentares, apesar de que as pessoas de importância local desempenhavam papel marcante na escolha dos candidatos. Os programas incluíam, a par da profissão de fé dos candidatos, as resoluções tomadas nas reuniões dos homens de prol ou resoluções das facções parlamentares. Só em caráter acessório e a título exclusivamente honorífico é que um homem de projeção consagrava parte de seus lazeres à direção de um clube. Nas localidades em que esse clube não existia (caso mais comum), a atividade política estava privada de qualquer organização, mesmo no que tangia às raras pessoas que se interessavam normalmente e de maneira contínua pela situação do país. Só o jornalista era um político profissional remunerado e, além das sessões do Parlamento, só a imprensa constituía uma organização política dotada de algum sentido de continuidade. Não obstante, os parlamentares e os diretores de partido sabiam perfeitamente a quais chefes locais recorrer quando certa ação política parecia desejável. Tão somente nas grandes cidades é que se instalavam seções permanentes dos partidos, com mensalidades módicas pagas pelos membros, com encontros periódicos e reuniões públicas durante as quais o deputado prestava contas de seu mandato. Vida política só havia, entretanto e realmente, no decurso do período eleitoral.

Não demorou, porém, a ser sentida a necessidade de uma coesão mais firme no interior dos partidos. Numerosos motivos impuseram essa nova orientação: o interesse dos parlamentares em conseguir compromissos eleitorais entre circunscrições diferentes, o impacto a que podia dar lugar um programa único e adotado por largas camadas sociais do país e, de modo geral, a utilidade que representava para o partido uma movimentação política unificada. Entretanto, mesmo depois de estabelecida uma rede de seções locais do partido nas cidades de média importância e de instalados em todo o país "homens de confiança", que permaneciam em contato permanente com um membro do grupo parlamentar, a estrutura do aparelhamento partidário não se modificou: manteve, em princípio, o caráter de agrupamento de homens de projeção.

Afora os empregados da sede central, não existiam ainda funcionários remunerados, de vez que, por toda parte, as associações locais eram dirigidas politicamente por pessoas "consideradas", em razão da estima de que gozavam no meio. Os "homens de prol" que se mantinham fora do Parlamento continuavam a exercer influência, ao lado da categoria de homens de prol assentados no Parlamento. As manifestações dadas a público pelo partido forneciam, de maneira natural e de forma crescente, o alimento espiritual de que se nutriam a imprensa e as reuniões locais abertas. Tornavam-se indispensáveis as contribuições regulares dos membros, parte das quais se destinava a cobrir gastos do organismo central. Até recentemente, as organizações políticas alemãs encontravam-se ainda nesse estágio. E, na França, continuam a permanecer, parcialmente, no primeiro estágio, o dos liames instáveis entre os parlamentares e o reduzido número de homens de prol locais. Naquele país, os programas ainda são elaborados, em cada uma das circunscrições, pelos próprios candidatos ou por seus preceptores, antes do início da campanha eleitoral, embora considerando, em maior ou menor extensão e segundo exigências locais, as resoluções e os programas dos parlamentares. Só parcialmente se conseguiu, em nossos dias, abalar tal sistema. O número de pessoas que, até poucos anos atrás, faziam da atividade política a ocupação principal era muito reduzido. Abrangia, principalmente, os deputados eleitos, o punhado de empregados do organismo central, os jornalistas e, além disso — na França — os que estão "à cata de um posto" e os que, tendo já ocupado um posto, estão à espera de conseguir uma situação nova. Em geral, a política se constituía, de forma preponderante, em uma segunda profissão. O número de deputados "suscetíveis de se transformarem em ministros" era muito pequeno, assim como, aliás, o dos candidatos a eleições, pois que os homens de prol conservavam o controle das operações. De outra parte, o número dos que se interessavam indiretamente pela política, sobretudo no relativo a seu aspecto material, era grande. Todas as medidas que um ministro poderia adotar e, muito particularmente, todas as soluções que poderia oferecer a assuntos de caráter pessoal, tinham em conta a possível influência da decisão sobre o resultado das eleições seguintes. Procurava-se, com efeito, agir de maneira que a concretização de qualquer tipo de pretensão dependesse da mediação do deputado local; de bom ou de mau grado, via-se o ministro compelido e prestar-lhe ouvidos, sobretudo se o deputado integrava a maioria — e exatamente por esse motivo, todo deputado procurava integrar a maioria. O deputado detinha o monopólio dos empregos e, de modo geral, todas as espécies de monopólio relativas aos negócios de sua circunscrição. E, de sua parte, agia com muita cautela nas relações com os homens de prestígio local, a fim de assegurar reeleição.

A esse estado idílico de dominação dos homens de prol e, sobretudo, de dominação dos parlamentares opõe-se, em nossa época e da maneira mais radical, a estrutura e a organização moderna dos partidos. Esse novo estado de coisas é filho da democracia, do sufrágio universal, da necessidade de recrutar e organizar as massas, da evolução dos partidos no sentido de uma unificação cada vez mais rígida no topo e no sentido de uma disciplina cada vez mais severa nos diversos escalões. Assistimos, presentemente, à decadência do domínio dos homens de prol, assim como a de uma política dirigida apenas em termos dos parlamentares. Os indivíduos que fazem da atividade política a profissão principal retomam a direção da empresa política, mantendo-se, embora, afastados do Parlamento. São ou "empreendedores" — à maneira do *boss* norte-americano ou do *election agent* inglês — ou funcionários dos partidos, com posições fixas. Do ponto de vista formal, assistimos a uma democratização acentuada. Não é mais o grupo parlamentar que estabelece o programa e define a linha de conduta do partido, nem são mais os homens de importância local os que decidem das candidaturas às eleições, mas essas tarefas passam a caber a reuniões de militantes dos partidos, nas quais se escolhem os candidatos e de onde partem representantes para participar de assembleias de instância superior, assembleias que podem estender-se por escalões vários, até a assembleia geral denominada "Congresso do Partido". Em verdade, o poder repousa, hoje em dia, nas mãos dos *permanentes*, que são responsáveis pela continuidade do trabalho no interior da organização, ou cabe o poder àquelas personalidades que dominam individual ou financeiramente a empresa, à maneira dos mecenas ou dos chefes de poderosos clubes políticos de interesse, do gênero do *Tammany Hall*. O elemento novo e decisivo reside na circunstância de que esse imenso aparelho — a "máquina", de acordo com a expressão característica empregada nos países anglo-saxões — ou melhor: os responsáveis pela organização podem fazer frente aos parlamentares e estão mesmo em condição de impor, em medida considerável, a própria vontade. O elemento referido é de importância particular no que diz respeito à escolha dos membros da direção do partido. Só aquele que a máquina se disponha a apoiar, mesmo em detrimento da orientação parlamentar, poderá vir a transformar-se em chefe. Dito em outras palavras, a instituição dessas máquinas corresponde à instalação da democracia *plebiscitária*.

Os militantes e, em especial, os funcionários e dirigentes do partido esperam, naturalmente, que o triunfo do chefe lhes traga compensação pessoal: posições ou vantagens outras. Importante é que o esperam da parte do chefe e de maneira alguma, nem unicamente, dos parlamentares. Esperam, acima de tudo, que, no decurso da campanha eleitoral, a influência demagógica da personalidade do chefe lhes assegure votos e mandatos, garanta a abertura das portas do poder, de sorte que os militantes contarão com as maiores possibilidades de obter a esperada recompensa pela devoção que demonstraram. Do ponto de vista psicológico, uma das mais importantes forças motoras com que possa contar o partido político reside na satisfação que o homem experimenta por trabalhar com a devoção de um crente em favor do êxito da causa de uma personalidade, e não apenas em favor das abstratas mediocridades contidas num programa. É exatamente nisso que consiste o poder "carismático" do chefe.

Essa forma nova de organização dos partidos impôs-se, em medida variável, na maioria dos países, não, entretanto, sem constante rivalidade latente com os homens de importância local e com os parlamentares, que lutam para conservar a influência de que dispõem. O novo estilo manifestou-se pela primeira vez no seio de um partido burguês nos Estados Unidos da América e no seio de um partido socialista na Alemanha. Constantes regressões marcaram, evidentemente, essa revolução, sobretudo quando ocorria que um partido se visse, no momento, privado de um chefe unanimemente reconhecido. Mesmo, porém, quando tal chefe existe, torna-se necessário fazer concessões de toda espécie à vaidade e ao interesse pessoal dos homens de relevo no partido. De outro lado, pode ocorrer, igualmente, que a máquina tombe sob o domínio dos funcionários que se incumbem regularmente do trabalho interno de organização. Segundo a opinião de certo número de setores da social-democracia, esse partido estaria sendo presa desse tipo de "burocratização". A par disso, importa não esquecer que os "funcionários" se submetem com relativa facilidade à pessoa de um chefe demagógico, que saiba como causar forte impressão. Isso se explica, ao mesmo tempo, pela circunstância de que os interesses materiais e morais desses funcionários estão intimamente ligados ao crescimento e poderio que desejam para o partido que integram e explica-se também pelo fato de haver maior satisfação íntima no fato de trabalhar pelo amor de um chefe. É, ao contrário, infinitamente mais difícil alçar-se à condição de chefe nas organizações em que, a par dos funcionários, os "homens de prol" exercem grande influência no interior do partido, tal como frequentemente se nota nos partidos burgueses. Com efeito, esses homens valorizam (no sentido psicanalítico) de tal modo a pequena posição de membro do grupo ou da comissão administrativa que essa posição se torna "a própria razão de suas vidas". A atividade que desenvolvem é, via de regra, animada pelo ressentimento contra o demagogo que se apresenta como *homo novus*, dada a convicção da superioridade da experiência que tem da política do partido — o que, efetivamente, pode revestir-se de grande importância — e em virtude do escrúpulo ideológico de não romper com as velhas tradições da organização. No interior do partido podem esses homens contar, aliás, com todos os elementos conservadores. Não só o eleitor rural, mas também o que pertence à pequena burguesia tem os olhos voltados para os homens importantes cujos nomes lhe são familiares. Desconfia, portanto, da ambição de um desconhecido e só lhe dedicará fidelidade inquebrantável depois de ele haver triunfado definitivamente.

Busquemos, agora, examinar mais pormenorizadamente alguns exemplos significativos dessa luta entre as duas formas de estrutura dos partidos e, em especial, os progressos alcançados no sentido da forma plebiscitária descrita por Ostrogorski.

*

Comecemos pela Inglaterra. Até 1868, a organização dos partidos tinha, em quase todo aquele país, o aspecto de um puro agrupamento de homens de importância. Nas áreas rurais, os Tories se apoiavam no clérigo anglicano e, além disso — com frequência — no preceptor e nos grandes proprietários estabelecidos nos diferentes condados. Os Whigs, de sua parte, buscavam, mais comumente, o apoio do predicador não conformista (quando este existia), do chefe da estação de muda de cavalos, do ferreiro, do alfaiate, do tecelão ou, numa palavra, daqueles tipos de artesão que, por terem ocasião de manter contato com muitas pessoas, poderiam exercer influência política. Nas vidas, a distinção entre os partidos políticos se fazia, em parte, por motivos de ordem econômica, em parte, por motivos religiosos e, em parte, simplesmente em função de opiniões tradicionais recebidas das famílias. Não obstante, os homens de prol mantinham-se como detentores do poder no seio das organizações políticas. Acima de toda essa estrutura, planavam o Parlamento e os partidos dirigidos pelo Gabinete e seu líder, que era o chefe do Conselho de Ministros ou da oposição. O líder era assistido por um político profissional que desempenhava papel de grande relevância no interior do partido, o "orientador" (*whip*). Detinha ele o monopólio dos empregos, a ele deviam dirigir-se todos os que pretendiam uma posição política e era ele quem as distribuía, após haver feito consulta aos deputados das diferentes circunscrições eleitorais. Notou-se, entretanto, que ascendia, em todas as circunscrições, uma categoria nova de políticos profissionais que, de início, não passavam de agentes locais não remunerados, à semelhança dos "homens de confiança" alemães. A par disso, por força de nova legislação, destinada a assegurar a regularidade das eleições, deu-se o aparecimento, nas circunscrições eleitorais, de um tipo de empreendedor capitalista, o *election agent*. Tornou-se ele uma figura indispensável, dado que a legislação nova tinha o propósito de garantir o controle de despesas eleitorais e de contrabalançar o poder do dinheiro, obrigando o candidato a fazer declaração das somas despendidas durante o decorrer da campanha. Na Inglaterra, com efeito, o candidato, além de dar curso à oratória — muito mais amplamente do que, outrora, ocorria na Alemanha — gostava de dar curso a seu dinheiro. Em princípio, o *election agent* exigia do candidato o pagamento de certa soma, conseguindo, por essa forma, vantajosa situação. A divisão de poderes entre o líder e os homens de importância no partido, tanto no âmbito do Parlamento, como em todo o país, sempre garantira ao primeiro maior possibilidade de influência, de vez que era necessário dar-lhe os meios de executar, com continuidade, uma boa política. Continuava sensível, entretanto, a influência dos homens de prol e dos parlamentares.

  Tal era, em linhas gerais, a maneira como se apresentavam os partidos, em termos de sua antiga organização. Essa maneira definia-se por um lado, como consequência da ação dos homens de prol e já era, em parte, produto da ação dos empregados e dos dirigentes. A partir de 1868, desenvolveu-se, inicialmente em Birmingham, durante eleições locais, o sistema de *caucus*. Deu-lhe nascimento um pastor não conformista, auxiliado por Joseph Chamberlain. O pretexto invocado foi o da democratização do direito de voto. Com o objetivo de atrair a massa, acreditou-se conveniente movimentar enorme conjunto de grupos de aparência democrática, organizar em cada bairro da cidade um comitê eleitoral, manter continuidade de ação e burocratizar rigorosamente o conjunto: cresceu, então, consideravelmente, o número de empregados remunerados pelas comissões locais que, dentro em pouco, agruparam e organizaram cerca de dez por cento dos eleitores. Os intermediários principais, escolhidos por eleição, mas detendo, daí por diante, o direito de participar das decisões, tornaram-se os dirigentes da política do partido. As forças atuantes brotavam das comissões locais, principalmente nas áreas que se interessavam pela política municipal — sendo esta, em todas as circunstâncias e situações, o trampolim das oportunidades materiais mais sólidas. Foram também essas forças puramente locais que, em primeiro lugar, reuniram os meios financeiros necessários para subsistência. Essa nova máquina, que escapava inteiramente ao controle parlamentar, logo teve que manter combate com as forças que até o momento detinham o poder e, principalmente, com o *whip*. Entretanto, graças ao apoio das personalidades locais, que buscavam interesses próprios, essa máquina conseguiu ver-se vitoriosa e seu triunfo foi de tal forma completo que o *whip* sentiu-se obrigado a submeter-se e a pactuar. Disso resultou a centralização da totalidade do poder na mão de alguns homens e, afinal, na mão do único homem que se encontrava à frente do partido. Em verdade, o desenvolvimento de todo esse sistema se deu no seio do partido liberal, paralelamente à ascensão política de Gladstone. A vitória que a máquina tão rapidamente conquistou sobre os homens de prol deveu-se, antes de tudo, ao ângulo fascinante da demagogia em grande estilo praticada por Gladstone, à tenaz crença das massas no conteúdo moral de sua política e, em especial, ao moralismo da personagem. Foi assim que surgiu no palco político inglês uma espécie de cesarismo plebiscitário, com os traços do ditador que reinava sobre o campo de batalha eleitoral. O resultado não se fez esperar. Em 1877, o sistema do *caucus* entrou, pela primeira vez, em ação, durante a realização de eleições gerais. A consequência foi impressionante: Disraeli teve de abandonar o poder no momento de seu êxito mais retumbante. Desde 1876, a máquina já estava de tal modo ligada, no sentido carismático, à pessoa de Gladstone que, quando se colocou a questão da *Home Rule*, todo o aparelhamento, de alto a baixo, jamais chegou a inquirir se se encontrava objetivamente do lado de Gladstone, mas pura e simplesmente orientou-se por fé em sua palavra, afirmando que o seguiria em tudo que fizesse — e, assim, abandonou até mesmo seu criador, Chamberlain.

A máquina exigia grande número de pessoas para seu funcionamento. Neste momento, cerca de duas mil pessoas vivem, na Inglaterra, diretamente da política dos partidos. Mais elevado ainda é o número dos que se acham à cata de uma situação e dos que se mostram ativos em razão de outros interesses, especialmente no campo da política municipal. Por outro lado, além das expectativas econômicas, os políticos envolvidos no *caucus* podem esperar também satisfações da vaidade. Podem, com efeito, nutrir (normalmente) as mais altas ambições, como a de transformar-se em membro do Parlamento. Tais situações são prometidas, em particular, àqueles que fazem prova de boa educação, isto é, aos que são *gentlemen*. A honra suprema que espera, em particular, os grandes mecenas é o título de par — pois as finanças dos partidos provêm, na proporção de quase cinquenta por cento, de contribuições de doadores anônimos. Qual o resultado a que levou esse sistema? Muito simplesmente, a que os parlamentares ingleses, com exceção de alguns membros do Gabinete (e de alguns excêntricos) viram-se reduzidos à condição de bestas de votar, perfeitamente disciplinadas. No *Reichstag* alemão, os parlamentares deram-se ao hábito de utilizar suas cadeiras para cuidar da correspondência privada, dando, dessa forma, pelo menos a impressão de que se preocupavam com o bem-estar da nação. Na Inglaterra, entretanto, nem esse mínimo é exigido: o parlamentar nada mais tem a fazer senão votar e não trair seu partido. Deve fazer ato de presença quando o *whip* o chama e executar aquilo que, de acordo com as circunstâncias, é ordenado pelo chefe do Gabinete ou pelo líder da oposição. Sempre que dirigida por um homem enérgico, a máquina do *caucus* quase que não deixa transparecer qualquer reação de âmbito local; ela, pura e simplesmente, segue a vontade do líder. Assim, acima do Parlamento se coloca o chefe que é, em verdade, um ditador plebiscitário: a seu sabor, ele orienta as massas. A seus olhos, os parlamentares não passam de simples detentores de prebenda, que fazem parte de sua clientela.

De que maneira se dá, em tal sistema, a escolha dos chefes? E, acima de tudo, que qualificações neles se procura? Além das exigências de uma vontade firme que são, em toda parte, decisivas, é naturalmente de primeira importância a força da palavra demagógica. A maneira de proceder alterou-

-se depois da época de Cobden, quando os apelos eram dirigidos ao entendimento, e da época de Gladstone, que era um técnico da fórmula aparentemente cheia de sentido, um técnico do "deixai os fatos falarem" e, em nossos dias, para mover as massas, utilizam-se, frequentemente, meios que, na maioria das vezes, têm caráter puramente emocional e são do gênero adotado pelo Exército de Salvação. Com boa base, esse estado de coisas pode ser chamado "ditadura fundada na emotividade e na exploração das massas". Não obstante, o sistema de trabalho em comissões, sistema grandemente desenvolvido no Parlamento inglês, dá a todo aquele que ambicione um posto na organização dirigente a possibilidade de trazer sua contribuição e vai a ponto de obrigá-lo a agir assim para triunfar. Todos os ministros importantes dos últimos decênios formaram-se nessas comissões parlamentares, que os habituaram a um trabalho positivo e eficaz. A prática adquirida como relator de uma comissão, bem como o hábito de crítica pública às deliberações, permite, nessa escola, uma verdadeira seleção de chefes, com eliminação do indivíduo que não passe de um demagogo vulgar.

Essa é a situação na Inglaterra; entretanto, o sistema de *caucus*, que ali reina, aparecerá como forma atenuada de maquinaria política se o compararmos com a organização dos partidos nos Estados Unidos da América, onde rapidamente se adotou uma versão particularmente pura do regime plebiscitário. Segundo Washington, os Estados Unidos da América deveriam ser uma comunidade dirigida por *gentlemen*. Naquela época, o *gentleman* era, tal como na Inglaterra, um proprietário rural ou um homem que houvesse frequentado a Universidade. De início, assim foi, efetivamente. Quando os partidos se constituíram, os membros da Câmara de Representantes tinham a pretensão de se tornarem chefes políticos, à imagem dos chefes políticos ingleses da época do domínio dos homens de importância. A organização dos partidos carecia de disciplina. E tal situação estendeu-se até o ano de 1824. Contudo, já antes da década dos 20, era possível notar o aparecimento da máquina dos partidos em numerosas municipalidades, que, dessa forma, se transformaram no ponto de partida da nova evolução. Foi, contudo, a eleição do presidente Andrew Jackson, candidato dos criadores do Oeste, que verdadeiramente alterou a antiga tradição. Pouco depois de 1840, os chefes parlamentares deixavam de ser formalmente os dirigentes dos partidos, exatamente no momento em que os grandes membros do Parlamento — Calhoun, Webster — se retiravam da vida política porque o Congresso tinha perdido quase todo o poder, face à máquina dos partidos. Se a "máquina" plebiscitária se desenvolveu em tão boa hora naquele país foi porque nos Estados Unidos da América e tão somente lá o chefe do Executivo, que era ao mesmo tempo — e esse é o elemento importante — o senhor da distribuição dos empregos, tinha a condição de presidente eleito por plebiscito e, além disso, por forçada "separação dos poderes", gozava, no exercício de suas funções, de uma independência quase completa em relação ao Parlamento. Com efeito, após uma eleição presidencial, aos partidários do candidato vitorioso eram oferecidas, como recompensa, prebendas e empregos. E não se deixou de tirar consequências desse *spoil system* que Andrew Jackson elevou, sistematicamente, ao nível de princípio.

Em nossos dias, que significa, para a formação dos partidos, esse *spoil system*, isto é, a atribuição de todos os postos da administração federal aos partidários do candidato vitorioso? Significa, simplesmente, que os partidos, sem nenhuma base doutrinária, reduzidos a puros instrumentos de disputa de postos, opõem-se uns aos outros e elaboram, para cada campanha eleitoral, um programa em função das possibilidades eleitorais. — Nos Estados Unidos da América, os programas variam numa proporção que não tem igual em qualquer outro país, apesar de todas as analogias que se tracem. A estrutura dos partidos subordina-se, inteira e exclusivamente, à batalha eleitoral, que é, muito acima de qualquer outra, a mais importante para o domínio dos empregos: o posto de Presidente da União e de Governador dos diversos Estados. Os programas e os nomes dos candidatos são sufragados, sem intervenção de parlamentares, durante as "convenções nacionais" dos partidos — ou seja, durante congressos dos partidos que, do ponto de vista formal, compõem-se, muito democraticamente, de delegados das assembleias, aos quais o mandato é outorgado pelas *primaries* ou assembleias dos militantes de base. Já nessas *primaries*, os delegados às convenções são escolhidos em função do nome dos candidatos ao posto da magistratura suprema da União. Em razão disso é que se vê processar-se, no interior dos partidos, a mais encarniçada luta em torno da *nomination*, pois o presidente é o senhor de cerca de trezentos a quatrocentos mil cargos, que ele distribui a seu prazer, após consulta aos senadores dos diferentes Estados. Isso faz dos senadores políticos poderosos. A Câmara de Representantes, de outra parte, é, até certo ponto, impotente do ponto de vista político, já que o domínio dos empregos lhe escapa totalmente e que os ministros, simples auxiliares do presidente eleito diretamente pela população, eventualmente contra o desejo do Parlamento, podem exercer suas funções independentemente da confiança ou desconfiança dos Representantes: mais uma consequência do princípio de "separação dos poderes".

O *spoil system*, apoiado no princípio da separação de poderes, só foi tecnicamente possível nos Estados Unidos da América porque a juventude daquela civilização tinha condições para suportar uma gestão de puros diletantes. Em verdade, o fato de que de trezentos a quatrocentos mil militantes não tivessem outra qualificação para exibir, a não ser os bons e leais serviços prestados ao partido a que pertenciam, fez surgir, a longo alcance, grandes dificuldades e conduziu a uma corrupção e a um desperdício sem igual, só possíveis de serem suportados por um país de possibilidades econômicas ilimitadas.

A figura política brotada desse sistema de máquina plebiscitária foi a do *boss*. Que é o *boss*? É um empresário político capitalista, que busca votos eleitorais em benefício próprio, correndo os riscos e perigos inerentes a essa atividade. Nos primeiros tempos, ele é advogado, proprietário de um bar ou de um estabelecimento comercial ou é um agiota, valendo isso dizer que desempenha uma atividade da qual retira meios de lançar as primeiras bases para lograr o controle de certo número de votos. Conseguido esse resultado, ele entra em contacto com o *boss* mais próximo e, graças a seu zelo, habilidade e, acima de tudo, discrição, atrai os olhares dos que se acham avançados na carreira e, daí por diante, encontra aberto o caminho para galgar os diferentes escalões. O *boss* veio a transformar-se, dessa maneira, em elemento indispensável ao partido, pois que tudo se centraliza em suas mãos. É ele quem fornece, em substancial porção, os recursos financeiros. Mas, como age para obtê-los? Recorre, em parte, a contribuições dos membros e recorre, especialmente, a uma taxa que faz incidir sobre os vencimentos dos funcionários que, graças a ele e ao partido, obtiveram colocação. A par disso, surgem as gratificações e as comissões. Quem pretenda violar impunemente as leis dos Estados deve obter, antecipadamente, a conivência dos *bosses*, destinando-lhes certa soma de dinheiro, sob pena de enfrentar as maiores dificuldades. Esses diversos recursos não são, entretanto, bastante para constituir o capital necessário para operação política do partido. O *boss* é o homem indispensável para coletar diretamente os fundos que os grandes magnatas da finança destinam à organização. Estes jamais confiariam dinheiro reservado para fins eleitorais a funcionário pago pelo partido ou a uma pessoa que, oficialmente, onerasse o orçamento do partido; o *boss*, contudo, em razão de sua prudência e discrição em matéria de dinheiro é, de toda evidência, um homem dos meios capitalistas que financiam eleições. O *boss* típico é, geralmente, um homem que sabe o que quer. Não está à procura de honrarias; o *profissional* (assim o denominam) é, sem dúvida, desprezado pela "alta sociedade". Ele só busca o poder, seja como fonte de riquezas, seja pelo próprio poder. Diversamente do líder inglês, ele trabalha na obscuridade. Não é ouvido em público; sugere aos oradores o que convém dizer, porém conserva silêncio. Via de regra, não aceita posições políticas, a não ser a de senador. Como, em virtude da Constituição, os senadores devem ser ouvidos no que concerne a empregos, os *bosses* dirigentes assentam-se, com frequência, naquela assembleia. A distribuição de cargos se faz principalmente em função dos serviços prestados ao partido. Acontece, porém, e repetidamente, que a nomeação seja feita contra o pagamento de certa soma de dinheiro e existem preços estabelecidos para obtenção deste ou daquele posto. Em resumo, trata-se de um sistema de venda de posições, tal como praticado com frequência pelas monarquias dos séculos XVII e XVIII, inclusive pelos Estados da Igreja. O *boss* não se apega a uma doutrina política definida; não professa princípios. Uma só coisa é importante a seus olhos: como conseguir o maior número de votos possível? Acontece, muitas vezes, que se trate de pessoa sem grande preparo. Todavia, em geral, sua vida privada é correta e inatacável. Evidentemente, só em matéria de moral política é que ele se adapta aos costumes vigentes no setor; nesse ponto, não difere de grande número de capitalistas que, numa época de açambarcamento, adotam essa forma de agir no domínio da moral econômica. Pouco lhe importa que, socialmente, o encarem como *profissional*, como político profissional. Desde o momento em que ele não ascende e não quer ascender aos altos postos do governo, sua modéstia passa a garantir-lhe certo número de vantagens: com efeito, não é raro ver inteligências estranhas aos quadros do partido, grandes personalidades serem apresentadas como candidatos, devido ao fato de os *bosses* entenderem que elas podem aumentar as probabilidades eleitorais do partido. Situação bem diferente da alemã, em que são sempre os antigos e notáveis membros do partido que se apresentam como candidatos. Devido a essa razão, a estrutura desse tipo de partido, desprovida de base doutrinária, mas animada por detentores do poder que são desprezados pela sociedade, contribuiu para levar à presidência do país homens de valor que, na Alemanha, jamais se teriam "projetado". Certo é que os *bosses* se lançam contra o *outsider* que, na hipótese de uma eleição, poderia ameaçar-lhe as fontes de renda e de poder. Contudo, em razão mesmo da concorrência que se estabelece para ganhar o favor público, os *bosses* viram-se, algumas vezes, obrigados a resignar-se e a aceitar justamente os candidatos que se apresentavam como adversários da corrupção.

Estamos, portanto, diante de uma empresa política dotada de forte estrutura capitalista, rigidamente organizada de alto a baixo e apoiada em associações extremamente poderosas, tais como o *Tammany Hall*. Essas associações, cujas linhas lembram as de uma ordem, não têm outro propósito, senão o de tirar proveito da dominação política, particularmente no âmbito da administração municipal — que constitui, nos Estados Unidos da América, a melhor porção dos despojos. Essa organização dos partidos só foi possível porque os Estados Unidos da América eram um país democrático e porque eram um "país novo". Essa conjuntura privilegiada faz, entretanto, com que, em nossos dias, esse sistema esteja condenado a morrer lentamente. Os Estados Unidos da América não podem continuar a ser governados exclusivamente por diletantes. Há cerca de quinze anos, quando se perguntava aos trabalhadores norte-americanos porque eles podiam deixar-se governar por homens que confessadamente desprezavam, obtinha-se a seguinte resposta: "Preferimos ser governados por funcionários sobre os quais podemos escarrar a ser governados por uma casta de funcionários que, tal como na Alemanha, escarra sobre os trabalhadores". Era o velho ponto de vista da "democracia" americana, mas, já por aquele tempo, as áreas socialistas do país tinham outra opinião. A situação não é mais tolerável hoje em dia. A administração dos diletantes não corresponde mais às novas condições do país e a *Civil Service Reform* vem criando, em número cada vez maior, posições de funcionário de carreira, com o benefício da aposentadoria. Dessa maneira, funcionários formados por universidades e que serão, tanto quanto os alemães, incorruptíveis, poderão vir a ocupar os postos de governo. Cerca de cem mil empregos já não mais constituem a recompensa do torneio eleitoral, mas dão direito a aposentadoria, ao mesmo tempo que fazem exigências de qualificação. Essa nova fórmula fará com que o *spoil system* regrida lenta e progressivamente. Em consequência, não há dúvida de que a estrutura de direção dos partidos também se transformará, embora não seja possível ainda prever em que sentido.

Na Alemanha, as condições determinantes da empresa política foram, até o presente, as seguintes. Acima de tudo, a impotência do Parlamento. Daí resulta que nenhuma personalidade dotada de temperamento de chefe lá permanece por longo tempo. Suponhamos que um homem dessa têmpera pretenda ingressar no Parlamento — que poderá fazer ali? Quando se vague um cargo, ele poderá dizer ao diretor de pessoal de quem depende a nomeação: tenho sob minha dependência, em minha circunscrição eleitoral, um homem capaz, que pode satisfazê-lo; aproveite-o. E, muito comumente, as coisas se passam dessa maneira. Mas isso é quase tudo que um parlamentar alemão pode conseguir para satisfazer seus instintos de poder — se é que alguma vez os possuiu.

Ao referido, junta-se um segundo fator, que condiciona o primeiro, a saber, a importância enorme que o funcionário de carreira tem na Alemanha. Neste domínio, os alemães foram, sem dúvida, os primeiros do mundo. Resultou, porém, que os funcionários pretenderam ocupar não somente os postos de funcionários, mas também os de ministros. Não se ouviu dizer, no ano passado, no *Landtag* bávaro, quando do debate sobre a introdução do parlamentarismo, que, se alguma vez fossem dados cargos ministeriais aos parlamentares, os funcionários capazes deixariam a carreira? É preciso, enfim, acrescentar que, na Alemanha, a administração da função pública fugia sistematicamente ao controle das comissões parlamentares, diversamente do que se dá na Inglaterra. Por esse motivo, o Parlamento era colocado na impossibilidade — salvo raras exceções — de formar chefes políticos em condições de realmente dirigir uma administração.

O terceiro fator, muito diverso do que atua nos Estados Unidos da América, é o de que, na Alemanha, existem partidos que possuem uma doutrina política, de sorte a poderem afirmar, ao menos com *bona fides* subjetiva, que seus membros são representantes de uma "concepção do mundo". Entretanto, os dois mais importantes partidos desse tipo, o Centrum e a social-democracia, são, infelizmente, partidos que, de momento, se destinam a ser minoritários e desejam assim permanecer. Com efeito, no império alemão, os meios dirigentes do Centrum jamais esconderam o fato de que se opunham ao parlamentarismo porque temiam ver-se transformados no idiota da peça e porque teriam dificuldades maiores que as daquele momento para fazer pressão sobre o governo quando quisessem ver nomeado, para uma função pública, um elemento do partido. A social-democracia é um partido minoritário por princípio e se constituiu, por esse motivo, em obstáculo à parlamentarização, dado que não queria macular-se ao contato de uma ordem estabelecida que ela reprovava, por considerar burguesa. O fato de esses dois partidos se excluírem do sistema parlamentar constituiu-se na causa principal responsável pela impossibilidade de introduzir tal sistema na Alemanha.

Em tais condições, qual o destino dos políticos profissionais, na Alemanha? Jamais dispuseram de poder ou assumiram responsabilidade; só podiam, portanto, desempenhar papel subalterno. Só há pouco têm sido penetrados de preocupações com o futuro, tão características de outros países. Como os homens de prol faziam de seu pequeno mundo a finalidade da vida, era impossível que um homem diferente deles chegasse e elevar-se. Em todos os partidos, inclusive, evidentemente, a social-democracia, eu poderia citar numerosas carreiras políticas que foram verdadeiras tragédias, porque os indivíduos envolvidos possuíam qualidades de chefe e não foram, por esse motivo, tolerados pelos homens importantes da agremiação. Todos os nossos partidos têm, assim, acertado o passo pelo de seus homens de prol. Bebel, por exemplo, era, por temperamento e disposição, um chefe, embora de inteligência modesta. O fato de que ele fosse um mártir, de que jamais faltasse à confiança das massas (ao ver das massas, evidentemente) teve, como consequência, que essas o seguissem obedientemente e impediu que surgisse, no interior de seu partido, uma oposição séria, capaz de fazer-lhe sombra. Todavia, tal estado de coisas desapareceu com sua morte e instalou-se o reinado dos funcionários. Vieram à tona os funcionários sindicais, os secretários do partido, os jornalistas: o partido passou, dessa maneira, ao domínio dos instintos burocráticos. Apossaram-se dele funcionários muito honrados, talvez extremamente honrados, se os compararmos aos de outros países, em especial aos funcionários sindicais dos Estados Unidos da América, frequentemente acessíveis à corrupção. Apesar disso, as consequências da dominação dos funcionários — consequências que acabamos de examinar — fizeram-se manifestas naquele partido.

Desde aproximadamente 1880, os partidos burgueses não passaram de agrupamentos de homens de importância. Certo é que, por vezes, eles se viram obrigados a apelar, para fins de propaganda, a inteligências estranhas aos quadros do partido, o que lhes permitia proclamar: "Fulano ou Beltrano está conosco". Contudo, na medida do possível, adotavam-se todas as providências para impedir que esses nomes se apresentassem em eleições. Só quando eles se recusavam a prestar-se a manobra é que se anuía em propor-lhes a candidatura. No Parlamento, reinava o mesmo estado de espírito. Os grupos parlamentares alemães eram círculos fechados e assim permaneceram. Todos os discursos pronunciados em sessão plenária do *Reichstag* são previamente submetidos à censura dos partidos. Constata-se o fato pelo tédio mortal que os discursos provocam. Só tem o direito de usar a palavra o deputado antecipadamente indicado. Não se pode conceber contraste maior com os costumes parlamentares ingleses, assim como — por motivos diametralmente opostos — com os costumes parlamentares franceses.

Talvez que uma alteração esteja presentemente ocorrendo, após a agitação violenta que nos comprazemos em chamar revolução. Digo talvez porque não se trata, absolutamente, de alguma coisa segura. No momento, preconiza-se, antes de tudo, a constituição de novos partidos. De início, entretanto, essas formações novas não passam de organizações de amadores. Foram, em particular, os estudantes das grandes escolas que militaram a favor de um objetivo dessa ordem. Iam ao encontro de um homem em quem acreditavam ter descoberto as qualidades de chefe e lhe diziam: nós lhe daremos o trabalho elaborado e não lhe caberá senão executá-lo. Contudo, surgiram também organizações políticas de caráter comercial. Ocorreu que certas pessoas se apresentaram a indivíduos em que elas vislumbravam qualidades de chefe, propondo-lhes que se dedicassem ao recrutamento de partidários e prometendo o pagamento de quantia determinada por novo eleitor conquistado. Se, neste momento, me fosse pedido que lhes dissesse honestamente qual dos dois procedimentos me parece mais seguro do ponto de vista da técnica política, acredito que eu daria preferência ao último. Em ambos os casos, entretanto, só estamos diante de bolhas de sabão que se elevaram rapidamente, para logo estourar. De modo geral, o processo consistiu em remanejamento das organizações já existentes, que voltaram a funcionar como outrora. Em verdade, os dois fenômenos assinalados são apenas sintomas indicadores de que novas organizações poderiam surgir, se os chefes surgissem. Não obstante, as particularidades técnicas do sistema impediram o desenvolvimento das organizações novas. Até o momento, só pudemos ver surgir um par de ditadores que alvoroçaram as ruas e rapidamente desapareceram. Entretanto, os partidários desses ditadores estavam realmente organizados e obedeciam a uma disciplina estrita: daí a força dessas minorias que, porém, no momento, perdem vigor.

Suponhamos que a situação possa sofrer alteração. Seria então necessário, após tudo quanto deixamos referido, tomar consciência do seguinte fato importante: quando os partidos são dirigidos e estimulados por chefes plebiscitários, ocorre uma "perda de espiritualidade" ou, mais claramente, ocorre uma proletarização espiritual de seus partidários. Os partidários reunidos numa estrutura desse gênero só poderão ser úteis aos chefes se lhes derem obediência cega, isto é, se, tal como ocorre nos Estados Unidos da América, se curvarem diante de máquina que não é perturbada nem pela vaidade dos homens de importância, nem pela pretensão de originalidade pessoal. Só foi possível a eleição de Lincoln porque a organização do seu partido tinha esse caráter; e, tal como vimos, o mesmo fenômeno se produziu com o *caucus*, em benefício de Gladstone. Eis precisamente o preço que importa pagar pela colocação de verdadeiros chefes à frente de um partido. Só uma escolha cabe: ou uma democracia admite como dirigente um verdadeiro chefe e, por consequência, aceita a existência da "máquina" ou renega os chefes e cai sob o domínio dos "políticos profissionais", sem vocação, privados das qualidades carismáticas que produzem os chefes. Nesta última hipótese, vemo-nos diante do que a oposição, no interior de um partido, chama o reino das "facções". No momento, não divisamos, no seio dos partidos alemães, outra coisa que não o domínio dos políticos. A perpetuação desse estado de coisas pelo menos no Estado Federal, será favorecida, antes de tudo, pelo fato de que, sem dúvida, ressurgirá o Conselho Federal. Consequência necessária será uma limitação do poder da Assembleia e, ao mesmo tempo, a impossibilidade de nela ver surgirem chefes. Tal situação encontrará terreno ainda mais favorável para desenvolver-se no sistema de representação proporcional, considerados os termos em que ele é hoje conhecido. Tal sistema é, com efeito, a manifestação típica de uma democracia sem chefes, não apenas porque facilita, em benefício dos homens de prol, as manobras ilícitas na confecção das listas de votação, como também porque dá aos grupos de interesses a possibilidade de forçarem as organizações políticas a incluírem nas citadas listas alguns de seus empregados, de sorte que, ao fim, nos vemos diante de um Parlamento apolítico, onde não mais encontram lugar os verdadeiros chefes. Só o presidente do *Reich*, sob condição de que sua eleição se fizesse por plebiscito e não pelo Parlamento, poderia transformar-se em válvula de segurança face à carência de chefes. Não será possível que os chefes surjam e que a seleção entre eles se opere, se não houver meio de comprovar-lhes a capacidade, expondo-os, inicialmente, ao crivo de uma gestão municipal, onde lhes seja deixado o direito de escolher os próprios auxiliares, como ocorre nos Estados Unidos da América, quando se projeta em cena um perfeito plebiscitário, decidido a lançar-se contra a corrupção. Esse, afinal, é o resultado que se poderia esperar se os partidos fossem organizados em função de eleição desse tipo. Entretanto, a hostilidade pequeno-burguesa em relação aos chefes, hostilidade que anima todos os partidos, inclusive e sobretudo a social-democracia, deixa imprecisa a natureza da futura organização dos partidos, bem como incertas as possibilidades que acabamos de referir.

*

Essa é a razão por que, hoje em dia, não é absolutamente possível prever qual o contorno exterior que virá a assumir a atividade política entendida como "vocação", tanto mais que não se vê meio de oferecer aos bem-dotados para a política oportunidade de se devotarem a uma tarefa satisfatória. Aquele que, em razão de sua situação econômica, se vir obrigado a viver "da" política, não escapará à alternativa seguinte: ou se voltará para o jornalismo e para os encargos burocráticos nos partidos ou tentará conseguir um posto numa associação que se encarregue da defesa de certos interesses, como é o caso dos sindicatos, das câmaras de comércio, das associações rurais, das agências de colocação etc. ou, ainda, buscará posição conveniente junto a uma municipalidade.

Nada mais se pode dizer a respeito desse aspecto exterior da profissão política, a não ser que o funcionário de um partido político partilha com o jornalista do *odium* que se levanta contra o *déclassé*. Eles se verão sempre chamados, embora apenas pelas costas, de "escriba salariado" e de "orador salariado". Quem seja incapaz de, em seu foro interior, enfrentar essas injúrias e dar-lhes resposta, agiria melhor se não se orientasse para aquelas carreiras que, além de tentações penosas, só lhe poderão oferecer decepções contínuas.

Quais são, agora, as alegrias íntimas que a carreira política pode proporcionar a quem a ela se entrega e que prévias condições seria preciso supor?

*

Bem, ela concede, antes de tudo, o sentimento de poder. A consciência de influir sobre outros seres humanos, o sentimento de participar do poder e, sobretudo, a consciência de figurar entre os que detêm nas mãos um elemento importante da história que se constrói podem elevar o político profissional, mesmo o que só ocupa modesta posição, acima da banalidade da vida cotidiana. Coloca-se, porém, a esse propósito, a seguinte pergunta: quais são as qualidades que lhe permitem esperar situar-se à altura do poder que exerce (por pequeno que seja) e, consequentemente, à altura da responsabilidade que esse poder lhe impõe? Essa indagação nos conduz à esfera dos problemas éticos. É, com efeito, dentro desse plano de ideias que se coloca a questão: que homem é preciso ser para adquirir o direito de introduzir os dedos entre os raios da roda da História?

Pode-se dizer que há três qualidades determinantes do homem político: paixão, sentimento de responsabilidade e senso de proporção. Paixão no sentido de "propósito a realizar", isto é, devoção apaixonada a uma "causa", ao deus ou ao demônio que a inspira. Isso nada tem a ver com a conduta puramente interior que meu pranteado amigo George Simmel tinha o costume de denominar "excitação estéril", forma de agir própria de uma certa casta de intelectuais, particularmente russos (nem todos, é claro) e que, atualmente, causa furor em nossos meios intelectuais obnubilados por esse carnaval a que se concede o nome pomposo de "revolução". Tudo isso não passa de "romantismo do que é intelectualmente interessante", de que está ausente o sentimento objetivo de responsabilidade e que gira no vazio. Com efeito, a paixão apenas, por sincera que seja, não basta. Quando se põe a serviço de uma causa, sem que o correspondente sentimento de responsabilidade se torne a estrela polar determinante da atividade, ela não transforma um homem em chefe político. Faz-se necessário, enfim, o senso de proporção, que é a qualidade psicológica fundamental do homem político. Quer isso dizer que ele deve possuir a faculdade de permitir que os fatos ajam sobre si no recolhimento e na calma interior do espírito, sabendo, por consequência, *manter à distância* os homens e as coisas. A "ausência de distância", como tal, é um dos pecados capitais do homem político. Se inculcássemos na jovem geração de intelectuais o desprezo pelo recolhimento indispensável, nós a condenaríamos à impotência política. Surge, a essa altura, o problema seguinte: como é possível fazer conviverem, no mesmo indivíduo, a paixão ardente e o frio senso de proporção? Faz-se política usando a cabeça e não as demais partes do corpo. Contudo, se a devoção a uma causa política é algo diverso de um frívolo jogo de intelectual, constituindo-se em atividade sinceramente desenvolvida, essa devoção há de ter a paixão como fonte necessária e deverá nutrir-se de paixão. Todavia, o poder de subjugar energicamente a alma, poder que caracteriza o homem político apaixonado e o distingue do simples diletante inchado de excitação estéril, só tem sentido sob a condição de ele adquirir o hábito do recolhimento — em todos os sentidos da palavra. O que se chama "força" de uma personalidade política indica, antes de tudo, que ela possui essa qualidade.

Há um inimigo vulgar, muito humano, que o homem político deve dominar a cada dia e a cada hora: a muito comum *vaidade*. Ela é inimiga mortal de qualquer devoção a uma causa, inimiga do recolhimento e, no caso, do afastamento de si mesmo.

A vaidade é um traço comum e, talvez, não haja pessoa alguma que dela esteja inteiramente isenta. Nos meios científicos e universitários, ela chega a constituir-se numa espécie de moléstia profissional. Contudo, quando se manifesta no cientista, por mais antipatia que provoque, mostra-se relativamente inofensiva, no sentido de que, via de regra, não lhe perturba a atividade científica. Coisa inteiramente diversa ocorre quando se trata do político. O desejo do poder é algo que o move inevitavelmente. O "instinto de poder" — como habitualmente se diz — é, com efeito, uma de suas qualidades normais. O pecado contra o Espírito Santo de sua vocação consiste num desejo de poder, que, sem qualquer objetivo, em vez de se colocar exclusivamente ao serviço de uma "causa", não consegue passar de pretexto de exaltação pessoal. Em verdade e em última análise, existem apenas duas espécies de pecado mortal em política: não defender causa alguma e não ter sentimento de responsabilidade — duas coisas que, repetidamente, embora não necessariamente, são idênticas. A vaidade ou, em outras palavras, a necessidade de se colocar pessoalmente, da maneira a mais clara possível, em primeiro plano, induz frequentemente o homem político à tentação de cometer um ou outro desses pecados ou os dois simultaneamente. O demagogo é obrigado a contar com o "o efeito que faz" — razão por que sempre corre o perigo de desempenhar o papel de um histrião ou de assumir, com demasiada leviandade, a responsabilidade pelas consequências de seus atos, pois que está preocupado continuamente com a impressão que pode causar sobre os outros. De uma parte, a recusa de se colocar a serviço de uma causa o conduz a buscar a aparência e o brilho do poder, em vez do poder real; de outra parte, a ausência do senso de responsabilidade o leva a só gozar do poder pelo poder, sem deixar-se animar por qualquer propósito positivo. Com efeito, uma vez que, ou melhor, porque o poder é o instrumento inevitável da política, sendo o desejo do poder, consequentemente, uma de suas forças motrizes, a mais ridícula caricatura da política é o mata-mouros que se diverte com o poder como um novo rico ou como um Narciso vaidoso de seu poder, em suma, como adorador do poder pelo poder. Por certo que o simples politiqueiro do poder, objeto, também entre nós, de um culto cheio de fervor, pode alcançar grandes efeitos, mas tudo se perde no vazio e no absurdo. Os que criticam a "política do poder" têm, nesse ponto, inteira razão. A súbita derrocada moral de certos representantes típicos dessa atitude permitiu que fôssemos testemunhas da fraqueza e da impotência que se dissimulam por detrás de certos gestos cheios de arrogância, mas inteiramente inúteis. Política dessa ordem não passa jamais de produto de um espírito embotado, soberanamente superficial e medíocre, incapaz de apreender qualquer significação da atividade humana. Nada, aliás, está mais afastado da consciência do trágico, de que se penetra toda ação, e, em especial, toda ação política do que essa mentalidade.

Incontestável e constituindo elemento essencial da História, ao qual não fazemos justiça em nossos dias, é o fato seguinte: o resultado final da atividade política raramente corresponde à intenção original do agente. Cabe mesmo afirmar que muito raramente corresponde e que, frequentemente, a relação entre o resultado final e a intenção primeira é simplesmente paradoxal. Essa constatação não pode, contudo, servir de pretexto para que se fuja à dedicação ao serviço de uma causa, pois que, se assim ocorresse, a ação perderia toda a coerência interna.

Quanto à natureza da causa em nome da qual o homem político procura e utiliza o poder, nada podemos adiantar: ela depende das convicções pessoais de cada um. O homem político pode dedicar-se ao serviço de fins nacionais ou humanitários, sociais, éticos ou culturais, profanos ou religiosos. Pode também estar apoiado em sólida crença no "progresso" — nos diferentes sentidos dessa palavra — ou afastar totalmente essa crença; pode pretender servir uma "ideia" ou, por princípio, recusar valor a quaisquer ideias, para apenas cultuar fins materiais da vida cotidiana. Seja qual for o caso, uma crença qualquer é sempre necessária, pois, caso contrário — e ninguém pode negá-lo — a inanidade da criatura eclipsará até mesmo o êxito político aparentemente mais sólido.

O que ficou exposto já nos orienta para a discussão do último problema de que nos ocuparemos esta noite, o problema do *ethos* da política, enquanto "causa" a defender. Qual é, independentemente de seus fins próprios, a missão que a política pode desempenhar na economia global da conduta na vida? Qual é, por assim dizer, o lugar ético em que ela reside? Nesse ponto, as mais opostas concepções do mundo chocam-se umas com as outras, impondo-se *escolher* entre elas. Ataquemos, pois, resolutamente, esse problema que recentemente se pôs em foco, mas, segundo creio, de maneira infeliz.

Livremo-nos, antes de tudo, de uma contrafação vulgar. A ética pode, por vezes, desempenhar um papel extremamente desagradável. Alguns exemplos. Não raro é que o homem que abandona sua esposa por outra mulher experimente a necessidade de justificar-se perante a própria consciência, usando o pretexto de que ela não era digna de seu amor, de que o havia enganado ou invocando outras razões desse gênero, que nunca deixam de existir. Trata-se, da parte desse homem, de uma falta de cortesia, que, não querendo limitar-se à simples constatação de que não mais ama sua esposa, procura — no momento em que ela se encontra na posição de vítima — fabricar uma desculpa com o propósito de "justificar" a atitude tomada: arroga-se, dessa maneira, um direito que se baseia em lançar à esposa todas as culpas, além da infidelidade de que ele se queixa. O vencedor dessa rivalidade erótica procede nesses termos: entende que seu infeliz adversário deve ser o menos digno, pois que foi derrotado. Não há nenhuma diferença entre essa atitude e a do vencedor que, após triunfar no campo de batalha, proclama com pretensão desprezível: "Venci porque a razão estava comigo". O mesmo ocorre com o homem que, à vista das atrocidades da guerra, entra em derrocada moral e que — em vez de dizer simplesmente "era demasiado, não pude suportar mais" — experimenta a necessidade de justificar-se perante a própria consciência, substituindo aquele sentimento de cansaço diante da guerra por um outro e dizendo: "Eu não podia mais suportar aquilo porque me obrigavam a combater por uma causa moralmente injusta". Coisa semelhante pode ser dita a respeito daquele que é vencido; em vez de se comprazer na atitude de velha comadre à procura de um "responsável" — pois que é sempre a estrutura mesma da sociedade que engendra os conflitos —, melhor faria ele se adotasse uma atitude viril e digna, dizendo ao inimigo: "Perdemos a guerra e vocês triunfaram. Esqueçamos o passado e discutamos as consequências que se impõe retirar da nova situação, tendo em conta os *interesses materiais* que estavam em jogo e — ponto essencial — considerando a *responsabilidade perante o futuro*, que pesa, em primeiro lugar, sobre o vencedor". Toda outra maneira de reagir denota simplesmente ausência de dignidade e terá de ser paga mais cedo ou mais tarde. Uma nação sempre perdoa os prejuízos materiais que lhe são impostos, mas não perdoa uma afronta à sua honra, sobretudo quando se age à maneira de um predicador, que pretende ter razão a qualquer preço. Documentos novos trazidos a conhecimento público dezenas de anos após o término de um conflito só podem ter como resultado o despertar clamores injustificados, cólera e ódio, quando melhor seria esquecer a guerra, moralmente ao menos, depois de ela terminada. Tal atitude só é possível, entretanto, quando se tem o senso da realidade, o senso cavalheiresco e, acima de tudo, o senso da dignidade. E essa atitude impede que se adote uma "ética" que, em verdade, sempre é testemunho de uma falta de dignidade de ambos os lados. Esta última espécie de ética só se preocupa com a culpabilidade no passado, questão estéril do ponto de vista político, porque insolúvel; e não chega a preocupar-se com o que se constitui no interesse próprio do homem político, ou seja, o futuro e a responsabilidade diante do futuro. Se existem crimes políticos, um deles é essa maneira de proceder. Além disso, uma tal atitude tem o inconveniente adicional de nos impedir de perceber até que ponto o problema todo é inevitavelmente falseado por interesses materiais: interesse do vencedor de tirar o maior proveito possível da vitória alcançada — trate-se de interesse material ou moral —, esperança do vencido de trocar o reconhecimento de culpabilidade por certas vantagens. Se há no mundo alguma coisa de "abjeto", é exatamente isso. Eis o que resulta quando se pretende utilizar a ética *para* ter sempre razão.

Como se coloca, então, o problema das verdadeiras relações entre a ética e a política? Será certo, como já se afirmou, que não há qualquer relação entre essas duas esferas? Ou seria mais acertado afirmar, pelo contrário, que a mesma ética é válida para a ação política e para qualquer outro gênero de ação? Já se acreditou que exista oposição absoluta entre as duas teses: seria exata uma ou a outra. Cabe, entretanto, indagar se existe uma ética que possa impor, no que se refere ao conteúdo, obrigações idênticas aplicáveis às relações sexuais, comerciais, privadas e públicas, às relações de um homem com sua esposa, sua quitandeira, seu filho, seu concorrente, seu amigo e seu inimigo. Pode-se, realmente, acreditar que as exigências éticas permaneçam indiferentes ao fato de que toda política utiliza como instrumento específico a força, por trás da qual se perfilha a *violência*? Não nos é dado constatar que, exatamente por haverem recorrido à violência, os teóricos do bolchevismo e do espartaquismo chegam ao mesmo resultado a que chegam todos os outros ditadores militares? Em que se distingue o domínio dos "conselhos de trabalhadores e soldados" do domínio de não importa que organismo detentor do poder no antigo regime imperial — senão pelo fato de que os atuais manipuladores do poder são simples diletantes? Em que a arenga da maioria dos defensores da pretensa ética nova — mesmo quando eles criticam a dos adversários — difere da de um outro demagogo qualquer? Dir-se-á que pela nobreza da intenção. Muito bem. Contudo, o que, no caso, se discute é o *meio*, pois os adversários reivindicam exatamente da mesma forma, com a mesma e completa sinceridade subjetiva, a nobreza de suas próprias intenções últimas. "Quem recorre à espada, morrerá pela espada" e, por toda a parte, a luta é a luta. E então?

A ética do *Sermão da Montanha*? O *Sermão da Montanha* — em que se traduz, segundo entendo, a ética absoluta do Evangelho — é algo muito mais sério do que imaginam os que, em nossos dias, citam com leveza seus mandamentos. A leveza não cabe. O que se disse a propósito de causalidade em ciência aplica-se também à ética: não se trata de um veículo que se possa deter à vontade, para descer ou subir. A menos que ali só se enxergue um repositório de trivialidades, a ética do Evangelho é uma ética do "tudo ou nada". A parábola do jovem rico nos diz, por exemplo: "E ele se foi de coração triste, porque possuía muitos bens". O mandamento do Evangelho é incondicional e unívoco: dá tudo o que possuas — absolutamente tudo, sem reservas. O político dirá que esse mandamento não passa de uma exigência social irrealizável e absurda, que não se aplica a todos. Em consequência, o político proporá a supressão da propriedade por taxação, imposição, confisco — em suma, coação e a regulamentação dirigida contra todos. O mandamento ético não se preocupa, entretanto, com isso e essa despreocupação é sua essência. Ele ordena ainda: "Ofereça a outra face!", imediatamente e sem indagar por que o outro se acha com direito de ferir. Dir-se-á que é uma ética sem dignidade. Sim — exceto para o santo. É exatamente isso: é preciso ser um santo ou, pelo menos desejar sê-lo e viver como Jesus, como os Apóstolos, como São Francisco de Assis e seus companheiros, para que a ética adquira sentido e exprima uma dignidade. Caso contrário, não a terá. Consequentemente, se a ética acósmica do amor nos diz: "Não resistas ao mal pela força", o político, ao contrário, dirá: "Deves opor-te ao mal pela força ou serás responsável pelo triunfo que ele alcance." Aquele que deseja agir de acordo com a ética do Evangelho deve renunciar a fazer greve — a greve é uma coação — e não lhe restará solução outra que não a de filiar-se a um sindicato amarelo*. E deve, acima de tudo, abster-se de falar de "revolução". Com efeito, a ética do Evangelho não deseja ensinar que só a guerra civil seria uma guerra legítima. O pacifista que age de conformidade com as regras do Evangelho deporá as armas ou as lançará longe em respeito ao dever ético, tal como se recomendou na Alemanha, para pôr fim não só à guerra como a todas as guerras. O político, ao contrário, dirá: "O

---

* Sindicato desvirtuado de suas finalidades de defesa de classe. N. T.

único meio seguro de desacreditar a guerra para todo o futuro previsível teria sido uma paz imediata, fundada sobre o *status quo*". Com efeito, nessa hipótese, os povos ter-se-iam perguntado: de que nos serviu a guerra? E o absurdo da guerra ter-se-ia posto em evidência — solução que já não é mais possível adotar. A guerra será, com efeito, politicamente vantajosa para os vencedores ou, pelo menos, para uma parte deles. A responsabilidade por tal situação cabe à atitude que nos privou de toda a possibilidade dessa resistência. Dentro em pouco, entretanto — quando ultrapassado o período de cansaço — *estará desacreditada a paz e não a guerra*: consequência da ética absoluta.

Há, por fim, o dever da verdade. É também ele incondicional, do ponto de vista da ética absoluta. Daí se retirou a conclusão de que se impunha publicar todos os documentos, principalmente os que humilham o próprio país, para pôr em evidência, à luz dessas testemunhas insuborráveis, o reconhecimento de uma culpabilidade unilateral, incondicional e que se despreocupa das consequências. O político entenderá que essa maneira de agir, a julgar pelos resultados, longe de lançar luz sobre a verdade, irá obscurecê-la, pelos abusos e pelo desencadeamento de paixões que provocará. Sabe o político que só a elaboração metódica dos fatos, procedida imparcialmente, poderá produzir frutos, ao passo que qualquer outro método acarretará, para a nação que o empregue, consequências que, talvez, exijam anos para deixarem de manifestar-se. Para dizer a verdade, se existe um problema de que a ética absoluta não se ocupa, esse é o problema das consequências.

Desembocamos, assim, na questão decisiva. Impõe-se que nos demos claramente conta do fato seguinte: toda a atividade orientada segundo a ética pode ser subordinada a duas máximas inteiramente diversas e irredutivelmente opostas. Pode orientar-se segundo a ética da responsabilidade ou segundo a ética da convicção. Isso não quer dizer que a ética da convicção equivalha a ausência de responsabilidade e a ética da responsabilidade, a ausência de convicção. Não se trata disso, evidentemente. Não obstante, há oposição profunda entre a atitude de quem se conforma às máximas da ética da convicção — diríamos, em linguagem religiosa: "O cristão cumpre seu dever e, quanto aos resultados da ação, confia em Deus" — e a atitude de quem se orienta pela ética da responsabilidade, que diz: "Devemos responder pelas previsíveis consequências de nossos atos". Perderá tempo quem busque mostrar, da maneira a mais persuasiva possível, a um sindicalista apegado à verdade da ética da convicção, que sua atitude não terá outro efeito senão o de fazer aumentarem as possibilidades de reação, de retardar a ascensão de sua classe e de rebaixá-la ainda mais — o sindicalista não acreditará. Quando as consequências de um ato praticado por pura convicção se revelam desagradáveis, o partidário de tal ética não atribuirá responsabilidade ao agente, mas ao mundo, à tolice dos homens ou à vontade de Deus, que assim criou os homens. O partidário da ética da responsabilidade, ao contrário, contará com as fraquezas comuns do homem (pois, como dizia muito precedentemente Fichte, não temos o direito de pressupor a bondade e a perfeição do homem) e entenderá que não pode lançar a ombros alheios as consequências previsíveis de sua própria ação. Dirá, portanto: "Essas consequências são imputáveis à minha própria ação". O partidário da ética da convicção só se sentirá "responsável" pela necessidade de velar em favor da chama da doutrina pura, a fim de que ela não se extinga, de velar, por exemplo, para que se mantenha a chama que anima o protesto contra a injustiça social. Seus atos, que só podem e só devem ter valor exemplar, mas que, considerados do ponto de vista do objetivo essencial, aparecem como totalmente irracionais, visam apenas a este fim: estimular perpetuamente a chama da própria convicção.

Esta análise não esgota, entretanto, a matéria. A nenhuma ética é dado ignorar o seguinte ponto: para alcançar fins "bons", vemo-nos, com frequência, compelidos a recorrer, de uma parte, a meios desonestos ou, pelo menos, perigosos, e compelidos, de outra parte, a contar com a possibilidade e mesmo a eventualidade de consequências desagradáveis, E nenhuma ética pode dizer-nos a que momento e em que medida um fim moralmente bom justifica os meios e as consequências moralmente perigosos.

O instrumento decisivo da política é a violência. Pode-se ter ideia de até onde estender, do ponto de vista ético, a tensão entre meios e fim, quando se considera a bem conhecida atitude dos socialistas revolucionários da corrente Zimmerwald. Já durante a guerra, eles se haviam declarado favoráveis a um princípio que se pode exprimir, de maneira contundente, nos termos seguintes: "Postos a escolher entre mais alguns anos de guerra seguidos de uma revolução e a paz imediata não seguida de uma revolução, escolhemos a primeira alternativa: mais alguns anos de guerra!" À pergunta: que pode proporcionar essa revolução?, todo socialista que raciocine cientificamente, conformando-se aos princípios de sua doutrina só pode oferecer uma resposta: no momento, não se pode falar de passagem para uma economia que se poderia chamar socialista, no sentido próprio do termo; uma economia de tipo burguês ressurgiria, apenas despida de vestígios de feudalismo e de elementos dinásticos. É, portanto, para alcançar esse modesto resultado que se aceitariam "mais alguns anos de guerra". Seria desejável poder acreditar que mesmo uma robusta convicção socialista rejeitasse um objetivo que requer tais meios. O problema não assume feição diversa no caso do bolchevismo, do espartaquismo e, de modo geral, no caso de qualquer outra espécie de socialismo revolucionário, pois é perfeitamente ridículo, da parte dos revolucionários, *condenar em nome da moral* a "política de força" praticada pelos homens do antigo regime, quando, afinal de contas, eles se utilizam exatamente desse meio — por mais justificada que seja a posição que adotam quando repelem os objetivos de seus adversários.

Parece, portanto, que é o problema da justificação dos meios pelo fim que, em geral, coloca em cheque a ética da convicção. De fato, não lhe resta, logicamente, outra possibilidade senão a de condenar qualquer ação que faça apelo a meios moralmente perigosos. E importa acentuar: logicamente. Com efeito, no mundo das realidades, constatamos, por experiência incessante, que o partidário da ética da convicção torna-se, bruscamente, um profeta milenarista e que os mesmos indivíduos que, alguns minutos antes, haviam pregado a doutrina do "amor oposto à violência" fazem, alguns instantes depois, apelo a essa mesma força — à força última que levará à destruição de toda violência —, à semelhança dos chefes militares alemães que, por ocasião de cada ofensiva, proclamavam: é a última, a que nos conduzirá à vitória e nos trará a paz. O partidário da ética da convicção não pode suportar a irracionalidade ética do mundo. Ele é um racionalista "cosmo-ético". Aqueles que, dentre os senhores, conhecem Dostoiévski poderão, a esta altura, evocar a cena do Grande Inquisidor na qual esse problema é exposto de maneira adequada. Não é possível conciliar a ética da convicção e a ética da responsabilidade, assim como não é possível, se jamais se fizer qualquer concessão ao princípio segundo o qual o fim justifica os meios, decretar, em nome da moral, qual o fim que justifica um meio determinado.

Meu colega, F. W. Foerster, por quem tenho alta estima, em razão da incontestável sinceridade de suas convicções, mas a quem recuso inteiramente a qualidade de homem político, acredita poder contornar essa dificuldade preconizando, num dos livros que escreveu, a tese seguinte: o bem só pode engendrar o bem e o mal só pode engendrar o mal. Se assim fosse, o problema deixaria de existir. É verdadeiramente espantoso que tese semelhante haja podido merecer publicidade, dois mil anos depois dos Upanishades. O contrário nos é dito não só por toda a História universal, mas também pelo imparcial exame da experiência cotidiana. O desenvolvimento de todas as religiões do mundo se fez a partir da verdade da opinião oposta. O antiquíssimo problema da teodiceia enfrenta exatamente a questão de saber como pode dar-se que um poder, apresentado, ao mesmo tempo, como onipotente e bom, haja criado este mundo irracional, povoado de sofrimentos imerecidos, de injustiças não castigadas e de incorrigível estupidez. Ou esse poder é onipotente e bom, ou não o é, ou nossa vida é governada por princípios inteiramente diversos de recompensa e de sanção, princípios que só é possível interpretar por via metafísica, se é que não escapam inteiramente à nossa capacidade de compreensão. Esse problema, a experiência da irracionalidade do mundo, foi a força motriz do desenvolvimento de todas as religiões. A doutrina hindu do *karma*, a do dualismo persa, a do pecado original, a da predestinação e do *Deus absconditus* nasceram todas dessa experiência. Também os primeiros cristãos sabiam perfeitamente que o mundo estava dominado por demônios e que o indivíduo que se comprometesse com a política, isto é, com os instrumentos do poder e da violência estava concluindo um pacto com potências diabólicas; sabiam aqueles cristãos não ser verdade que o bem gerasse unicamente o bem, e o mal unicamente o mal: constata-se, antes e com muita frequência, o fenômeno inverso. Quem não o veja é, politicamente falando, uma criança.

A ética religiosa acomodou-se de diversas maneiras a esse fundamental estado de coisas, que nos leva a situar-nos em diferentes regimes de vida, subordinados, por sua vez, a leis igualmente diversas. O politeísmo helênico sacrificava, ao mesmo tempo à Afrodite e à Hera, a Apolo e a Dionísio, sabendo que esses deuses frequentemente se combatem. O sistema hindu fazia de cada uma das profissões o objeto de uma lei ética particular, de um *darma*, estabelecendo entre elas uma separação definitiva, por castas que, em seguida, integrava numa hierarquia imutável. O indivíduo nascido numa casta não tinha possibilidade alguma de libertar-se dela, a não ser por reencarnação, em vida futura. Cada profissão encontrava-se, consequentemente, a uma distância diferente da salvação suprema. Estabeleceu-se, dessa forma, o *darma* de cada uma das castas, desde os ascetas e brâmanes até os vis e os párias, no interior de uma hierarquia que se conformava às leis imanentes, próprias de cada profissão. Guerra e política encontraram, nesse esquema, o seu lugar. Que a guerra faça parte integrante da vida é coisa que se verifica lendo na *Bhagavad Gita* a conversa que mantêm Krishna e

Arjuna. "Age como necessário", isto é o dever que te é imposto pelo *darma* da casta dos guerreiros e observa as prescrições que a regem ou, em suma, realiza a "obra" objetivamente necessária que corresponde à finalidade de tua casta, ou seja, guerrear. Nos termos dessa crença, cumprir o destino de guerreiro estava longe de constituir ameaça para a salvação da alma, constituindo-se, ao contrário, em seu sustentáculo. O guerreiro hindu estava sempre tão certo de que, após morte heroica, alcançaria o céu do Indra quanto o guerreiro germânico de ser recebido no Walhalla; sem dúvida, o guerreiro hindu desdenharia o nirvana tanto quanto o guerreiro germânico desdenharia o paraíso cristão com seus coros de anjos. Essa especialização da ética permitiu que a moral hindu fizesse da arte real da política uma atividade perfeitamente consequente, subordinada a suas próprias leis e sempre mais consciente de si mesma. A literatura hindu chega a oferecer-nos uma exposição clássica do "maquiavelismo" radical, no sentido popular de maquiavelismo; basta ler o *Arthaçastra*, de Kautilya, escrito muito antes da era cristã, provavelmente quando governava Chandragupta. Comparado a esse documento, *O Príncipe* de Maquiavel, é um livro inofensivo. Sabe-se que na ética do catolicismo, da qual, aliás, o professor Foerster tanto se aproxima, os *consilia evangelica* constituem uma moral especial, reservada para aqueles que possuem o privilégio do carisma da santidade. Ali se encontra, ao lado do monge, a quem é defeso derramar sangue ou buscar vantagens econômicas, o cavaleiro e o burguês piedosos que têm o direito, o primeiro de derramar sangue e o segundo de enriquecer-se. Não há dúvida de que a diferenciação da ética e sua integração num sistema de salvação apresentam-se, aí, menos consequentes do que na Índia; não obstante, em razão dos pressupostos da fé cristã, assim podia e mesmo devia ser. A doutrina da corrupção do mundo pelo pecado original permitia, com relativa facilidade, integrar a violência na ética, enquanto meio para combater o pecado e as heresias que se erigem, precisamente, em perigos para a alma. Não obstante, as exigências acósmicas do *Sermão da Montanha*, sob forma de uma pura ética de convicção, e o direito natural cristão, compreendido como exigência absoluta fundada naquela doutrina, conservaram seu poder revolucionário e vieram à tona, com todo o furor, em quase todos os períodos de perturbação social. Deram, em particular, nascimento a seitas que professam um pacifismo radical; uma delas tentou erigir, na Pensilvânia, um Estado que se propunha a não utilizar a força em suas relações exteriores — experiência que se revelou, aliás, trágica, na medida em que, quando da Guerra da Independência norte-americana, impediu os Quakers de intervirem, de armas na mão, num conflito cujo objetivo era, entretanto, a defesa de ideais idênticos aos por eles cultivados. Em posição oposta, o protestantismo comum reconhece, em geral, o Estado como válido e, consequentemente, o recurso à violência como uma instituição divina; justifica, muito particularmente, o Estado autoritário legítimo. Lutero retirou do indivíduo a responsabilidade ética pela guerra e a atribuiu à autoridade política, de sorte que obedecer às autoridades em matérias outras que não as de fé jamais poderia implicar culpa. O calvinismo também admitia a força como um dos meios para a defesa da fé e legitimava, consequentemente, as guerras de religião. Sabe-se que essas guerras santas sempre foram elemento vital para o islamismo. Vê-se, portanto, que não foi, de modo algum, a descrença moderna, brotada do culto que a Renascença dedicou aos heróis, que levantou

O problema da ética política. Todas as religiões, com maior ou menor êxito, enfrentaram esse problema e a exposição feita deve ter bastado para mostrar que não poderia ter sido de outro modo. A originalidade própria dos problemas éticos no campo da política reside, pois, em sua relação com o instrumento específico da *violência legítima*, instrumento de que dispõem os agrupamentos humanos. Seja qual for o objetivo das ações que pratica, todo homem que pactua com esse instrumento — e o homem político o faz necessariamente — se expõe às consequências que ele acarreta. E isso é particularmente verdadeiro para o indivíduo que combate por suas convicções, trate-se de militante religioso ou de militante revolucionário. Atrevidamente, tomemos como exemplo a época atual. Quem quer que, utilizando a força, deseje instaurar a justiça social sobre a Terra, sentirá a necessidade de contar com seguidores, isto é, com uma organização humana. Ora, essa organização não atua, a menos que se lhe faça entrever indispensáveis recompensas psicológicas ou materiais, sejam terrestres ou celestes. Acima de tudo, as recompensas psicológicas: nas modernas condições de luta de classes, tais recompensas se traduzem pela satisfação dos ódios, dos desejos de vingança, dos ressentimentos e, principalmente, da tendência pseudoética de ter razão a qualquer preço, saciando, por consequência, a necessidade de difamar o adversário e de acusá-lo de heresia. Aparecem, em seguida, as recompensas de caráter material: aventura, vitória, presa, poder e vantagens. O êxito do chefe depende, por completo, do funcionamento da organização com que ele conte. Por esse motivo, ele depende também dos sentimentos que inspirem seus partidários e não apenas dos sentimentos que pessoalmente o inspirem. Seu futuro depende, portanto, da possibilidade de assegurar, de maneira durável, todas essas recompensas aos partidários de que não pode prescindir, trate-se da guarda vermelha, de espiões ou de agitadores. O chefe não é senhor absoluto dos resultados de sua atividade, devendo curvar-se também às exigências de seus partidários, exigências que podem ser moralmente baixas. Ele terá seus partidários sob domínio enquanto fé sincera em sua pessoa e na causa que defende seja depositada pelo menos por uma fração desses partidários, pois jamais ocorreu que sentimentos idênticos inspirem sequer a maioria de um grupo humano. Aquelas convicções, mesmo quando subjetivamente as mais sinceras, não servem, em realidade e na maioria das vezes, senão para "justificar" moralmente os desejos de vingança, de poder, de lucros e de vantagens.

A esse respeito, não permitiremos que nos contem fábulas, pois a interpretação materialista da História não é veículo em que possamos subir à nossa vontade e que se detenha diante dos promotores da revolução. E importa, sobretudo, não esquecer que à revolução animada de entusiasmo sucederá sempre a rotina cotidiana de uma tradição e que, nesse momento, o herói da fé abdicará e a própria fé perderá em vigor ou se transformará — esse é o mais cruel destino que pode ter — em elemento da fraseologia convencional dos pedantes e dos técnicos da política. Essa evolução ocorre de maneira particularmente rápida quando se trata de lutas ideológicas, simplesmente porque esse gênero de lutas é, via de regra, dirigido ou inspirado por chefes autênticos, os profetas da revolução. Nesse caso, com efeito, como em geral, em toda atividade que reclama uma organização devotada ao chefe, uma das condições para que se alcance êxito é a despersonalização e o estabelecimento de uma rotina, em suma, a proletarização espiritual, no interesse da disciplina. Essa é a razão por que os partidários vitoriosos de um chefe que luta por suas convicções entram — e, de ordinário, rapidamente — em processo de degeneração, transformando-se em massa de vulgares aproveitadores.

*

Quem deseje dedicar-se à política e, principalmente, quem deseje dedicar-se à política em termos de vocação deve tomar consciência desses paradoxos éticos e da responsabilidade quanto àquilo em que ele próprio poderá transformar-se sob pressão desses paradoxos. Repito que ele se compromete com potências diabólicas que atuam com toda a violência. Os grandes virtuosos do amor e da bondade acósmica do homem, venham eles de Nazaré, de Assis ou de reais castelos indianos, não operaram com o instrumento político da violência. O reino que pregavam não era "deste mundo" e, entretanto, eles tiveram e continuam a exercer influência neste mundo. As figuras de Platão, Karatajev e dos santos de Dostoiévski são, por certo, as mais fiéis reconstituições desse gênero de homens. Quem deseja a salvação da própria alma ou de almas alheias deve, portanto, evitar os caminhos da política que, por vocação, procura realizar tarefas muito diferentes, que não podem ser concretizadas sem violência. O gênio, ou demônio da política vive em estado de tensão extrema com o Deus do amor e também com o Deus dos cristãos, tal como este se manifesta nas instituições da Igreja. Essa tensão pode, a qualquer tempo, explodir em conflito insolúvel. Isso os homens já sabiam, mesmo ao tempo em que a Igreja dominava. Repetidamente o interdito papal atingia Florença — e, naquela época, tal pressão pesava muito mais fortemente sobre os homens e muito mais lhes ameaçava a salvação da alma do que a "fria aprovação" (como diz Fichte) do juízo moral kantiano — e, entretanto, os habitantes da cidade continuavam a mover guerra aos Estados papais. Em bela passagem de suas *Histórias Florentinas*, se exata minha lembrança, Maquiavel alude a tal situação e põe na boca de um dos heróis de Florença, que rende homenagem a seus concidadãos, as seguintes palavras: "Eles preferiram a grandeza da cidade à salvação de suas almas".

Se, em vez de cidade natal ou de "pátria", palavras que, em nossos dias, já não têm uma significação unívoca, falarmos em "futuro do socialismo" ou em "paz internacional" estaremos empregando expressões que correspondem à maneira moderna de colocar o problema. Com efeito, todos esses objetivos que não é possível atingir a não ser por meio da atividade política — onde necessariamente se faz apelo a meios violentos e se acolhem os caminhos da ética da responsabilidade — colocam em perigo a "salvação da alma". E caso se procure atingir esses objetivos ao longo de um combate ideológico orientado por uma ética da convicção, há risco de provocar danos grandes e descrédito, cujas repercussões se farão sentir durante várias gerações, porque não existe responsabilidade pelas consequências. Nesse caso, em verdade, o agente não tem consciência dos diabólicos poderes que entram em jogo. Ora, esses poderes são inexoráveis e, se o indivíduo não os percebe, será arrastado a uma série de consequências e a elas, sem mercê, entregue; e as repercussões se farão sentir não apenas em sua forma de atuar, mas também no fundo de sua alma. "O diabo é velho". E quando o poeta acrescenta "envelhecei para entendê-lo", por certo que não se está referindo a idade em termos cronológicos. Pessoalmente, jamais admiti que, ao longo de uma discussão, se procurasse garantir vantagem exibindo a certidão de nascimento. O simples fato de que um de meus interlocutores tem vinte anos, quando eu já passo dos cinquenta, não pode, afinal de contas, autorizar-me a pensar que isso constitua uma conquista diante da qual se imponha uma respeitosa inclinação. Não importa a idade, mas sim a soberana competência do olhar, que sabe ver as realidades da vida, e a força de alma que é capaz de suportá-las e de elevar-se à altura delas.

É certo que a política se faz com o cérebro, mas é indiscutível, também, que ela não se faz exclusivamente com o cérebro. Quanto a esse ponto, razão cabe aos partidários da ética da convicção. Não cabe recomendar a ninguém que atue segundo a ética da convicção ou segundo a ética da responsabilidade, assim como não cabe dizer-lhe quando observar uma e quando observar outra. Só cabe dizer-lhe uma coisa: quando, hoje em dia, num tempo de excitação que, a seu ver, não é estéril — saiba, entretanto, que a excitação não é sempre e nem mesmo genuinamente uma paixão autêntica — vemos subitamente surgir, de toda parte, homens políticos animados pelo espírito da ética da convicção e proclamando: "Não eu, mas o mundo é que é estúpido e vulgar; a responsabilidade pelas consequências não cabe a mim, porém àqueles a cujo serviço estou; não obstante, esperem um pouco e eu saberei destruir essa estupidez e essa vulgaridade" — diante de tal situação, confesso que, antes do mais, procuro informar-me acerca do equilíbrio interior desses partidários da ética da convicção. Tenho a impressão de que, nove vezes em dez, estarei diante de balões cheios de vento, sem consciência das responsabilidades que assumem e embriagados de sensações românticas. De um ponto de vista humano, isso não me interessa muito, nem me comove absolutamente. Perturbo-me, ao contrário, muito profundamente, diante da atitude de um homem maduro — seja velho ou jovem — que se sente, de fato e com toda a alma, responsável pelas consequências de seus atos e que, praticando a ética da responsabilidade, chega, em certo momento, a declarar: "Não posso agir de outro modo; detenho-me aqui". Tal atitude é autenticamente humana e é comovedora. Cada um de nós, que não tenha ainda a alma completamente morta, poderá vir a encontrar-se em tal situação. Vemos assim que a ética da convicção e a ética da responsabilidade não se contrapõem, mas se completam e, em conjunto, formam o homem autêntico, isto é, um homem que pode aspirar à "vocação política".

Meus caros ouvintes, dentro de dez anos, teremos, talvez, oportunidade de voltar a falar desse assunto. Nessa ocasião, receio que, infelizmente e por múltiplas razões, a Reação já nos terá, de há muito, dominado. É provável que pouco do que os senhores almejaram e esperaram e do que também esperei se haja realizado. Muito pouco, segundo tudo leva a acreditar — para não dizer que absolutamente nada. Isso não me abaterá, mas confesso-lhes que pesa como um fardo íntimo sobre quem tem consciência da situação. Eu gostaria de saber em que se terão transformado, dentro de dez anos, aqueles dentre os senhores que, presentemente, guardam o sentimento de serem verdadeiros "políticos por convicção" e que participam do entusiasmo despertado pela atual revolução — eu gostaria de saber em que se terão transformado interiormente. Muito agradável seria, sem dúvida, que as coisas pudessem passar-se como em Shakespeare, soneto 102:

Nosso jovem amor atravessava a primavera
Quando, em seu louvor, cantos eu erguia;
Também Filomel, sendo verão, cantava
E detinha o canto em oportuno dia.

Tal não é, porém, o caso. Pouco importa quais sejam os grupos políticos a quem a vitória tocará: não nos espera a floração do estio, mas, antes, uma noite polar, glacial, sombria e rude. Com efeito, quando nada existe, não somente o imperador, mas também o proletário tem perdidos os seus direitos. E quando essa noite se houver lentamente dissipado, quantos, daqueles que viveram a atual e opulenta primavera, estarão ainda vivos? Em que se terão transformado no seu foro interior? Não lhes restará mais que amargor e grandiloquência? Ou simples aceitação resignada do mundo e da profissão? Ou terão adotado uma última solução que não é a menos comum: renúncia mística ao mundo por todos quantos dotados para isso ou — como, infelizmente, acontece com frequência — por todos quantos a tanto se sentem compelidos pela moda. Em qualquer desses casos, eu tirarei a seguinte conclusão: não estavam à altura da tarefa que lhes incumbia, não tinham dimensão para se medir com o mundo tal como ele é e tal como ordinariamente se apresenta; em nenhum caso possuíam, nem objetiva, nem positivamente, no sentido profundo do termo, a vocação para a política que, entretanto, julgavam possuir. Melhor teriam feito se cultivassem modestamente a fraternidade de homem para homem e, quanto ao resto, se entregassem, com simplicidade, ao trabalho cotidiano.

A política é um esforço tenaz e enérgico para atravessar grossas vigas de madeira. Tal esforço exige, a um tempo, paixão e senso de proporções. É perfeitamente exato dizer — e toda a experiência histórica o confirma — que não se teria jamais atingido o possível, se não se houvesse tentado o impossível. Contudo, o homem capaz de semelhante esforço deve ser um chefe e não apenas um chefe, mas um herói, no mais simples sentido da palavra. E mesmo os que não sejam uma coisa nem outra devem armar-se da força de alma que lhes permita vencer o naufrágio de todas as suas esperanças. Importa, entretanto, que se armem desde o presente momento, pois de outra forma não virão a alcançar nem mesmo o que hoje é possível. Aquele que esteja convencido de que não se abaterá nem mesmo que o mundo, julgado de seu ponto de vista, se revele demasiado estúpido ou demasiado mesquinho para merecer o que ele pretende oferecer-lhe, aquele que permaneça capaz de dizer "a despeito de tudo!", aquele e só aquele tem a "vocação" da política.

Impresso por :

Graphium
gráfica e editora
Tel.:11 2769-9056